# CAHIERS VICTOR HUGO

liés avec le concours du Centre National de la Recherche Scientifique

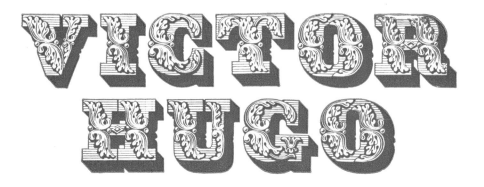

# VICTOR HUGO

# Epîtres

**édition critique**

FLAMMARION

# Epîtres

CAHIERS VICTOR HUGO
publiés avec le concours du Centre National de la Recherche Scientifique

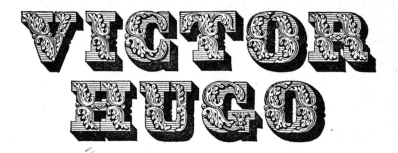

# Épîtres

édition critique
par Françoise Lambert

FLAMMARION

# INTRODUCTION

On trouvera, dans les pages qui suivent, les fragments sur lesquels Hugo a porté la mention *Epîtres*[1], ou bien *Epîtres ou Légende des Siècles,* ou encore *Epîtres ou Comédie, Epîtres ou Dieu, Epîtres ou Boîte aux lettres, Epîtres ou Spleen*[2]. Parfois, dans ces doubles suscriptions Hugo a opéré un choix[3]. Les deux tiers environ de ces fragments étaient encore inédits. Ceux qui étaient publiés étaient dispersés, sans date, sans variante, sans commentaire.

Par la façon dont la suscription a été portée dans un coin des papiers, ces fⁿˢ paraissent avoir été destinés au même ensemble, dont les dates de rédaction s'échelonnent de 1852 environ à 1877[4]. Le regroupement de ces textes est donc d'autant plus intéressant qu'ils s'étendent sur une période plus longue que celle de *Boîte aux lettres,* par exemple.

Comme pour *Boîte aux lettres*[5], on observe que, le plus souvent, Hugo n'attribue pas de place définitive à ces fragments plus ou moins longs qui, encadrés de points de suspension, ont été, en quelque sorte, laissés en attente. Certains présentent la double propriété de constituer un tout tels qu'ils nous sont donnés et de pouvoir également se greffer sur un passage qu'ils viendront gonfler d'une remarque incidente ou de plusieurs exemples, comme souvent chez Hugo, sans que le lecteur puisse discerner des couches de rédaction successives.

Neuf chemises reliées dans le ms 24.795 (fⁿˢ 1, 2, 18, 54, 85, 96, 104, 117, 122), une autre dans le ms 24.735 (f° 593) portent la mention *Epîtres* d'une écriture postérieure à 1852. Le f° 2, 146/325, est une chemise destinée à contenir un projet de préface qui est peut-être à rapprocher de 146/249 (f° 3), car, dans les deux cas, *Epître* est écrit au singulier. Sur les huit autres chemises de ce même manuscrit, deux seulement portent des dates. Un faire-part figure au v° des fⁿˢ 54 et 117 ; il est daté, dans le premier cas, 16 avril 1860, dans le second, 22 janvier 1874. De plus, un inventaire du 14 août 1870 (13.468, *Carnet* du 1ᵉʳ juin 1869 au 15 août 1870, f° 188) fait état d'un dossier *Epîtres* classé dix-huitième dans une grande malle. Donc, comme le confirment les dates de certains fragments dont le plus ancien remonte environ à 1852 (24.795,

---

(1) *Epître* ne figure au singulier que sur la chemise destinée à contenir un projet de préface (24.795, f° 2), dans la *Préface (ibid., f° 3)* et en 176/34 (24.778, f° 173). D'autre part, l's final a été ajouté dans la suscription du f° 7, ms 24.795.

(2) On trouve également : *Epîtres Comédie, Légende des Siècles Epîtres,* etc...

(3) Les rares fragments que Hugo avait destinés à *Epîtres* et dont il a ensuite barré la suscription sont également publiés ci-après.

(4) Il faut au contraire écarter de ce groupe l'*Epître familière* publiée dans *Le Tas de pierres, La Nature,* (éd. Bouvet, p. 1615) qui constitue le f° 8 du ms 13.428 (*Océan, vers. Tas de pierres. — Philosophie.*) et qui, non seulement semble bien antérieur, mais encore ne porte pas la suscription caractéristique.

(5) *Boîte aux lettres, Les Cahiers Victor Hugo,* éd. Flammarion, p. 6.

f⁰ 168), dès 1860 existait un ensemble *Epîtres,* sans cesse augmenté dans les années suivantes, même après 1874 et jusqu'en 1877 (4 mai), date du timbre postal au v⁰ du f⁰ 147 (ms 24.795).

Ces *Epîtres* sont dispersées dans divers manuscrits. Le plus grand nombre a été rassemblé dans le ms 24.795. Des *Epîtres* satiriques ont été reliées dans le ms 24.735, mais il en existe d'autres, par exemple dans le ms 24.795. Dans le ms 13.401, sont réunies les *Epîtres* dans lesquelles Hugo traduisait ou adaptait des vers latins. Une épître traitant du poète mage (67/191, f⁰ 85) a trouvé place dans le recueil 13.419. Dans les ms 24.758 et 24.775, on lit des fragments intitulés *Epîtres ou Légende des Siècles,* mais le ms 24.772 en contient aussi un. Le ms 24.753 renferme des *Epîtres ou comédie,* le ms 24.795 en possède également, ainsi que le ms 13.401. Le classement effectué par la BN repose donc tantôt sur les suscriptions, tantôt sur le contenu des fᵒˢ ; souvent, il ne peut être justifié. Pour la publication des fragments de Hugo, le groupement par suscription et, pour chaque ensemble ainsi obtenu, le classement par cote et par pièce semble celui qui présente le moins d'inconvénients [6].

On trouve quelques *Epîtres* isolées dans les cotes 6, 7, 62, 92, 106, 141, 148. Elles appartiennent en plus grand nombre aux cotes 67, 69, 70, 77, 146, 147, 176, 256. Le classement par cote n'est pas toujours très révélateur, — on peut cependant remarquer un certain groupement d'*Epîtres* dans la cote 67 où elles voisinent avec des *Boîtes aux lettres* nombreuses également dans les cotes 69 et 77 —, mais le classement par pièces amène parfois à tirer des conclusions plus précises sur les rapports des fragments entre eux.

A l'intérieur de chaque cote représentée dans *Epîtres,* le rapprochement de pièces voisines, reliées dans divers manuscrits, reconstitue l'ordre dans lequel se trouvaient les papiers de Hugo lors de l'inventaire qui suivit sa mort. Ces comparaisons ne permettent généralement pas de discerner des ensembles très nets, en particulier pour les *Epîtres* des cotes 70, 141, 146, 147, 176 et 256. Mais il arrive que, sans que l'on puisse parler d'unité, une certaine tonalité soit commune à des pièces successives. Ainsi, le sujet de 6/43, (24.773, f⁰ 130), que Hugo avait primitivement destiné au recueil *Epîtres,* présente un rapport avec celui de 6/42 (24.773, f⁰ 67) [7]. A 6/43, où Hugo célèbre la constance de l'honnête homme qui reste fidèle à lui-même à travers les épreuves, s'oppose, en 6/42, une condamnation des juges vendus à Napoléon III auquel ils ont livré « la conscience humaine, et le code et Jésus ». 6/44 (24.758, fᵒˢ 167-8), par contre, contient un poème de *La Légende des Siècles.* Cependant, en élargissant les recherches de part et d'autre de 6/43, on peut lire des pièces où Hugo aborde des questions de morale pratique. On relève, par ailleurs, autour de 6/43, des fragments dont l'inspiration est plus élevée. La conscience est sollicitée, cette fois, par le problème du mal, par le mystère du monde et de la nature, par l'injustice dont sont victimes grands hommes et génies. Tout autour de 6/42, on distingue donc un éventail d'inspirations de tons assez différents, mais ayant pour point commun des problèmes moraux soulevés soit par la conduite de l'homme dans la cité soit par le destin.

Avec l'*Epître* 7/139 (24.795, f⁰ 144), seul le fragment 7/144 (24.772, fᵒˢ 212 et 213) [8] admet un rapprochement précis. Les deux textes développent un thème familier à Hugo : les prêtres déforment Dieu, la religion masque la divinité :

> Ce Dieu, que dans l'église obscurcissait le prêtre
> A force de credos et de confiteors,
> Le soleil le prouvait tranquillement dehors.

(6) *Boîte aux lettres,* p. 9.
(7) *Les Années Funestes,* XXXV, éd. Bouvet, p. 1434.
(8) *Toute la Lyre,* III, XXXII, éd. Bouvet, p. 1315.

Peut-être y a-t-il là un début de classement, dans la mesure où les pièces 7/141 à 7/144 présentent une succession de poésies d'inspiration religieuse. A l'intérieur de la cote 67, les pièces sont disparates. Vers isolés, adaptations de citations latines, brèves descriptions, pensées morales alternent. A peine peut-on parler de cohésion pour l'entourage des *Epîtres* 67/270 à 67/282 où les sujets moraux et religieux semblent prédominer, pour l'*Epître* 67/353 qui figure dans un contexte satirique.

Quelques remarques s'imposent encore sur les *Epîtres* des cotes 69, 77 et 92. Ainsi, 69/282, *Epîtres ou Boîte aux lettres*, est entouré de pièces intitulées *Boîte aux lettres* ou dont le sujet est satirique. De nombreuses *Epîtres* de la cote 77 sont, au contraire, isolées parmi des fragments appartenant aux *Châtiments* et aux *Nouveaux Châtiments*. La pièce 92/40, par contre, qui porte la suscription *Epîtres ou Légende des Siècles* se trouve dans un ensemble d'ébauches destinées à *La Légende*.

Le désordre qui règne dans les manuscrits se reflète dans l'édition de l'Imprimerie Nationale, reprise et quelquefois complétée par l'édition Bouvet [9]. Au total, environ un tiers seulement des *Epîtres* ont été publiées. Dans la partie du *Tas de pierres* intitulée *Epîtres,* IN reproduit vingt et un fragments, l'édition Bouvet vingt-cinq, tandis que le ms 24.795 en contient 184. Quelques *Epîtres* de ce manuscrit sont publiées séparément, sans raison apparente, dans *Océan, II^{ème} partie, vers sans date* [10]. Outre des vers extraits du ms 24.795, IN avait déjà relevé, sous la rubrique *Epîtres*, une *Epître* inscrite dans un *Carnet*. L'édition Bouvet ajoute, en plus d'une *Epître* du ms 24.795, trois *Epîtres* des mss 24.758, 24.774, et 13.401. Les autres *Epîtres* ont été publiées çà et là selon les manuscrits où elles avaient été reliées. De plus, aux erreurs du classement, se joignent, dans la publication, des imprécisions ou des omissions [11].

Enfin, l'effort de datation est parfois insuffisant, surtout lorsque, au v° des f^{os}, un timbre postal, ou même une adresse permettent de délimiter une période. Il en est ainsi pour 67/183 (24.795, f° 68, p. 1578), 67/189 (24.795, f° 71, p. 1605) ; 146/353 (24.795, f° 59, p. 1583), etc...

En présence du titre *Epîtres,* le lecteur ne peut s'empêcher de songer au genre traditionnel et de rechercher ce que les fragments classés par Hugo sous cette rubrique lui doivent. Mais il est conduit, par là même, à se demander en

---

(9) Pour plus de commodité, les références sont données par rapport à l'édition Bouvet (Pauvert, éditeur).

(10) Ainsi, 67/127 (p. 1588), 67/180 (p. 1584), 67/183 (p. 1578), 67/196 (p. 1582), 67/212 (p. 1586), etc...
Les références, dans cette Introduction, sont prises au hasard et, très souvent, les exemples pourraient être multipliés.

(11) Très souvent, la suscription *Epîtres* n'est pas reproduite (ms 24.735, f° 106, p. 355 ; 69/282, ibid., f° 49, p. 347 ; ms 24.753, f° 1368, p. 1581, etc...) Les points de suspension au début ou à la fin d'un fragment sont parfois négligés (ms 24.773, f° 161, p. 1670 ; 147/20, ms 24.774, f° 159, p. 1486 ; etc...)
Ailleurs, on relève des erreurs plus graves. Le f° 127 (ms 13.401) qui constitue la vingt-cinquième épître (p. 1605) a été précédé de deux vers figurant dans le même manuscrit et concernant le même sujet mais étrangers au groupe *Epîtres* ; enfin la citation latine dont Hugo s'était inspiré pour ce fragment et qu'il avait écrite au bas du f° a été omise. Dans 176/88 (24.775, f° 382), deux vers rimes, notées au début du passage, ne sont pas reproduites (p. 1578). Le fragment 69/125 (24.772, f° 415), publié dans *Toute la Lyre* (p. 1353), est privé du premier vers. Dans 146/353 (24.795, f° 59, p. 1583), les deux derniers vers manquent, de même que, dans 256/101 (ms 24.795, f° 19, p. 1604), toute la fin d'un passage constituée de rapides notes qui montrent, en particulier, quelle utilisation Hugo pensait faire de ce qui précède. Dans 256/92 (24.795, f° 8, p. 1588), autre omission du dernier vers.

quoi Hugo, qui n'entendait probablement pas se limiter à la tradition, a marqué de son génie personnel ce type d'inspiration légère.

Une cinquantaine de passages seulement se présentent sous la forme d'une lettre en vers. Dans la *Préface* [11 bis], Hugo s'adresse à « ses amis de France », ailleurs à « ses amis », aux proscrits ou encore à « un ami ». L'épître peut être précédée d'une dédicace : « à ma voisine », « à un libéral dévot », « à Charles », « aux conservateurs classiques, royalistes, etc... » Dans la majeure partie des cas, Hugo fait appel à un interlocuteur qui peut très bien se confondre avec son lecteur, à un personnage précis dont il ne dévoile pas l'identité, à un jeune homme, à un honnête homme. Parfois, c'est à l'humanité qu'il parle, au peuple, à un génie comme Eschyle, ou bien à Versailles et au siècle de Louis XIV, à la Vérité, à la Mort. La notion que recouvre le nom d'*Epîtres* prend donc une extension assez vaste.

Il arrive également que la lettre revête, par endroits, la forme du dialogue, lorsqu'il s'agit de présenter, d'une façon vivante et directe, des arguments ou des propositions qui vont être discutés. Ainsi, dans 24.735, f° 106, les paroles du sénateur V. constituent peut-être la première partie d'un entretien où Hugo se proposait de les réfuter. Dans 24.774, f° 107, la contestation sur l'organisation d'une fête est un artifice grâce auquel Hugo exprime un aspect de sa morale sociale. Cette présentation souple de quelques *Epîtres* peut permettre de comprendre, parfois, la double suscription *Epîtres ou comédie*. La parenté entre l'épître et la comédie peut résider, en effet, dans l'utilisation du dialogue. Don Amilcar, dans la « comédie du riche pauvre », intitulée aussi *Epîtres*, répond aux paroles sous-entendues d'un interlocuteur, de même que dans l'épître 24.735, f° 219, Hugo réplique aux critiques de ceux qui lui reprochent le manque de continuité de sa pensée politique.

Enfin, la lettre peut perdre son caractère intime pour transmettre, par exemple, des conseils généraux, des observations satiriques. Mais si Hugo reprend en cela un trait du genre, il le renouvelle. Ainsi, en 70/200, après un début dont le style vigoureux et sobre rappelle celui d'un Boileau, le conseil s'achève, de façon originale, sur une pointe à la fois simple et ingénieuse où l'on reconnaît le don de la formule qui lui est propre.

Un grand nombre de fragments, en raison de leur brièveté, ne permettent pas de discerner la raison pour laquelle le poète les rattachait à *Epîtres*. Sous cette suscription, Hugo a noté parfois un simple vers dont l'intérêt nous échappe, un mouvement de phrase, des noms propres, une citation, une image prise comme sujet d'exercice de style, constituant ainsi, avec l'économie d'un artisan, un réservoir de thèmes où puiser. Souvent il inscrit une rime neuve et inattendue : Tibère/réverbère, Kaith/packet [12].

La *Préface,* que l'on peut approximativement dater de 1857-8, donne d'*Epîtres* un aperçu qui n'est pas exactement conforme à ce que contient la totalité des fragments. Des réflexions critiques sur l'histoire, sur l'homme, sur César, sur la religion, sur le mal, sont annoncées dans ces quatre vers. L'examen de l'histoire est sommaire dans *Epîtres*. A travers les régimes de Rome et de Byzance, Hugo stigmatise les caprices ou la tyrannie des empereurs, et dans le siècle de Louis XIV « un règne pompeux rongé de lèpre et de vermine ». Mais, bien qu'il reconnaisse la nécessité d'une réflexion sur le passé pour qui veut construire l'avenir, lorsqu'il déclare : « C'est du passé qu'il faut extraire l'avenir ; [...] Et sur l'histoire, engrais, la logique est semence », il s'en tient plutôt à l'attitude qu'il définit dans un autre fragment : « Je ne m'occupe pas beaucoup d'histoire ancienne ; Le présent me suffit. »

---

Cependant, d'une façon générale, le contenu des fragments dépasse, en réalité, les limites que pose la *Préface*. Ainsi, quelques passages d'*Epîtres* reflètent les préoccupations et les goûts de l'écrivain. La déclaration par laquelle il rend justice à Racine qui a « assoupli l'âpre vers de Boileau » mérite d'être relevée, car souvent, dans *Epîtres* et ailleurs, Hugo se moque des vers de Racine « ornés de faux nez grecs ». Le souvenir de sa première lecture d'Eschyle dans l'édition de Brumoy, un rapprochement entre Priape et Bottom, une note sur la fuite délirante d'Oreste, deux attaques contre les partisans de ce qu'il appelle dans *William Shakespeare*, « l'ex-bon goût », contre la pruderie en matière d'art, quelques vers où il célèbre les mérites équivalents de la prose et du vers, au nom de « l'esprit humain complet » et de « l'art entier », constituent à peu près les seuls fragments de critique littéraire. Les lignes qu'il consacre à son métier de poète sont un peu plus riches. Deux images, qui ne sont pas neuves, lui servent à représenter le poète. Ainsi, il compare ce « mage énorme » au fleuve, empruntant l'image à Horace qui l'applique à Pindare. Hugo note et traduit ces vers à plusieurs reprises [13] et il reprend souvent ce thème auquel il consacre un poème de *La Légende des Siècles, Fleuves et poètes* (XXV, *Les chutes.*) La comparaison du poète avec le hibou blanc « qui s'abat de fatigue aux vergues d'un vaisseau », notée après le 18 août 1859, n'est pas sans rappeler *L'Albatros* paru le 10 avril 1859. Mais chez Hugo, l'oiseau qui se pose n'est pas avili, il reste « sidéral et superbe » ; le poète justifie ses faiblesses, tandis que Baudelaire exprimait sa solitude.

Comparée à celle des *Châtiments* et de *Boîte aux lettres,* la poésie satirique d'*Epîtres* est peu violente. Napoléon III n'est pas directement visé : Hugo se contente d'affirmer que l'erreur, fût-elle proclamée vérité par César, reste erreur, ou bien de critiquer la censure. Une hypothèse suggérée par le f° 125 (ms 24.795) pourrait expliquer ce curieux silence : la corruption impériale, en attirant à elle tous les vices, purifie le peuple qui sortira assaini et fortifié de cette sombre phase politique. Napoléon III lui-même aura peut-être été utile. Les guerriers dont il annonce dans *William Shakespeare* la fin du règne, l'atmosphère cancanière d'une petite ville, l'infatuation des imbéciles sont odieux à Hugo, mais c'est aux hommes de son temps que le poète réserve ses attaques les plus vives. Beaucoup plus que politique, la satire est donc morale dans *Epîtres,* comme l'est d'ailleurs l'inspiration d'un grand nombre de fragments.

Hugo a mis l'accent sur les problèmes qui se posent à l'homme juste qu'il veut être et sur les devoirs auxquels un tel homme est lié. « Je ne suis pas un saint, je tâche d'être un juste », écrit-il. A travers ces *Epîtres,* il brosse un portrait du sage : conscient toujours de la vanité de la vie qui nous conduit « vers ce coin noir qu'on voit là-bas entouré d'ifs », indulgent au prochain, il trouve son bonheur dans la joie des autres, dédaigne ses ennemis et sait vieillir. Il affirme : « Je pense aux lois, au droit, au peuple et non à moi » et recommande à l'honnête homme, dans ce siècle de mensonge, où « le faux s'affirme vrai » et où « le méchant se dit bon », de ne pas faillir à son idéal et de ne pas fuir les épreuves. Agir est une obligation : « Il faut, quand le devoir dit : va ! Marcher. » Un texte d'*Epîtres* cependant paraît contredire cette exhortation. Après avoir énuméré les tâches qui s'offrent à l'écrivain désireux de conduire les misérables vers une condition meilleure, il termine par une question qui paraît désabusée : « Après ? », comme si, pour le poète, la tâche ne devait pas se borner à une révolution sociale. Mais Hugo mettait peut-être ces paroles dans la bouche d'un adversaire dont il se proposait de combattre les arguments. Développés par l'exilé qui prend part à la lutte et se sent chargé d'une mission, ces

---

(13) Ainsi dans le ms. 13.401, f°s 68 (daté 1842) ; 112, 146/337 ; 114, 67/313 ; 147, 77/82.

thèmes n'ont pas la platitude de lieux communs et la concision des formules traduit la fermeté d'une conviction que les faits ont éprouvée.

Dans les passages consacrés à Dieu et aux religions, malgré la banalité des idées, on retrouve également la présence hugolienne. L'idéal par lequel il embellit la vie et l'espérance qu'il substitue à la peur de la mort rendent Dieu nécessaire à l'homme. Mais aux arguments de ceux qui, comme le « feu sénateur V. » affirment : « Dieu n'est pas » ou qui, comme Proudhon, le destituent, à ceux qui raillent ou méprisent la création, Hugo répond en poète qui puise sa confiance dans une communion avec la nature : dans l'immensité de la mer, il perçoit « la palpitation d'où sort le monde ». Un texte d'*Epîtres* de 1856-60 développe sur les génies et les justes, intermédiaires entre Dieu et les hommes, un thème déjà traité dans les œuvres antérieures et qui trouvera dans *William Shakespeare* son plein épanouissement. Si la nature prouve Dieu par son harmonie, la conduite de ceux qui ont lutté pour la justice prouve l'âme : Job, Caton, Cicéron, Danton, « tous ces hommes jetaient le sombre éclair de l'âme ».

Mais, malgré la foi de l'homme, le mystère se dérobe ; entre la certitude de l'existence de Dieu telle que la conscience peut l'éprouver et la compréhension du monde s'étend la marge impénétrable de l'abîme. « Notre fumée au bas de l'éternité rampe ; Pleine d'erreurs, de dieux et d'ombres, sans pouvoir Pénétrer dans le gouffre éblouissant et noir. » Deux fragments illustrent la double attitude de Hugo devant la mort. Désirable parce qu'elle apporte la révélation vainement recherchée pendant la vie — la mort « libérateur souriant » possède toutes les clefs de l'univers —, cette plongée dans « l'amoncellement livide d'inconnu » emplit cependant d'effroi. Les questions, « ombres de toutes sortes » viennent obscurcir l'espérance. La vérité, en effet n'a pas encore remis à l'homme la lettre que Dieu lui destine. Ces brèves échappées nous font entrevoir les visions qui se dévoilent, amples et vertigineuses, dans certains poèmes de *La Légende des Siècles* ou dans *La Fin de Satan,* par exemple.

Ces textes s'échelonnant de 1859 à 1875 environ, on n'est pas surpris d'y rencontrer des attaques contre les religions ; mais, dans un genre en demi-teinte comme l'épître, elles sont moins violentes qu'ailleurs sous la plume de Hugo. Les thèmes principaux se retrouvent cependant : loin d'aider à déchiffrer la vérité, les religions la masquent et la déforment. Elles abusent l'homme en concrétisant dans leurs dieux les fantômes de son imagination. Rigides et étroites, elles enferment l'humanité dans une prison, d'où les grands ouvriers du progrès eux-mêmes, ne peuvent pas facilement s'évader. Enfin les prêtres qui les servent, achèvent de les discréditer en apportant leur caution aux œuvres guerrières des Césars :

> Oh ! tous ces bons pasteurs ! le miel remplit leurs bouches,
> Ils poussent leurs troupeaux aux batailles farouches.

Mais si les religions ne peuvent refléter Dieu, elles permettent cependant d'accéder à lui. Il appartient à l'homme « sage et raisonnable » d'achever « l'accouchement du vrai par le rejet du rêve », et d'établir un dialogue entre les divers dogmes pour en extraire et en réunir les éléments d'une connaissance juste. Ainsi, d'un catholicisme auquel, comme il le conseille, il a ôté « son placenta », Hugo isole la figure du Christ où s'incarne son idéal et il adresse à celui qui, à la fin de *William Shakespeare,* clôt la constellation des génies par une « puissante aurore », une vibrante action de grâces :

> L'instant où tu naquis fut un recul sublime
> Du crime, de la nuit, du mal, de la douleur ;
>             [......................]
> La tombe eut dans la nuit des blancheurs d'Orient.

C'est encore dans des fragments où la fantaisie inspire une poésie dégagée de toute intention polémique ou didactique que l'on retrouve la griffe hugolienne. L'éblouissante apparition d'Ennius « éclaboussé d'aurore et de lumière » est de la même veine que les plus belles images de *La Légende des Siècles.* Evoquée en trois vers, la vision de la déesse Cérès dans la lumière blonde, le mouvement de son bras soutenant la gerbe de blé ont une beauté saisissante. Cette esquisse de peintre fait songer à d'autres passages où Hugo a également tenté d'isoler la grâce d'une attitude, d'un geste, comme dans le poème des *Contemplations, Ecrit sur la plinthe d'un bas-relief antique* (III, 21) qui s'achève sur l'image d' « un pâtre sur sa flûte abaissant sa paupière ».

C'est surtout dans les demi-teintes que Hugo excelle par la délicatesse du trait et la discrétion de l'art. Brève évocation du clocher de Guernesey ou d'un vieux coq de bois « au bout d'une perche » qui surgit au-dessus des buissons, souvenirs de parties de campagne et de déjeuners sur l'herbe, portrait du poète écrivant à sa fenêtre entourée de vigne vierge, tous ces tableaux champêtres, par leur fraîcheur, parviennent, à la lecture, à nous restituer la qualité d'un bonheur fait de sensations très simples. Le paysage de Sicile empreint de grandeur, comme animé d'une vie sourde, domine ces petites scènes par sa sérénité pleine de recueillement et par l'intensité du silence nocturne où s'élève le chant profond du « pipeau bucolique ».

Il arrive que, par le libre jeu de la fantaisie, Hugo transfigure un spectacle qui, perçu dans sa banalité, nous aurait laissés indifférents. D'un amoncellement de nuages, Hugo fait naître une vision où l'allusion mythologique introduit un mystère que la familiarité de l'image teinte d'ironie. Une ironie voisine transparaît à travers de rapides croquis. La démarche branlante de la « bonne vieille » portant « cahin-caha » son linge à la rivière, « comme Nausicaa », les silhouettes de Saint Roch et de Saint Roquet, comiques par leur contraste, la descente du diable sur terre coiffé d'un tartan ou l'allure des prudes qui rappelle plaisamment à Hugo celle du monstre surgi de la mer pour la mort d'Hippolyte suscitent le même sourire. Un rythme alerte et enjoué anime le jeu de mots sur les acteurs Chilly et Perroud, le badinage galant sur un amour de jeunesse, la confession de Don Amilcar, l'histoire de Don Juan devenu Orgon.

Une conviction dans les passages d'inspiration morale ou religieuse, un génie de visionnaire mais plus souvent de peintre habile à décrire en touches rapides et vives, tels sont les traits que l'on retrouve dans *Epîtres* où se croisent des thèmes familiers à Hugo, et qui définissent l'originalité de ces fragments par rapport à la tradition du genre. A partir de cet ensemble de fragments nés au jour le jour, le poète a-t-il jamais voulu former une œuvre ? C'est fort douteux [14]. Mais cet ensemble, qui s'est développé pendant une vingtaine d'années dans des directions différentes, en s'éloignant du cadre initial tracé par la *Préface*, fixe des instantanés de la pensée créatrice de Hugo ; il intéresse par ce qu'il a de mystérieux dans ses parties restées à l'état d'ébauches, et par ce qu'il offre, çà et là dans ses détails, de parfaitement achevé.

Les textes ci-après sont classés selon le n° de cote qu'ils portent et, à l'intérieur de chaque cote, selon leur numéro de pièce. Suivent, selon le numéro et le f° du manuscrit, les fragments qui sont restés sans cote.

---

(14) Cependant sur une chemise (106/1, ms 24.763, f° 731) datée du 14 août 1870, Hugo inscrit, peu avant son départ de Guernesey, qu'elle contient des fragments de son dossier *Dieu,* et il ajoute : « (à relire aussi pour les *Epîtres*) », puis : « et aussi pour la *Légende des Siècles* et la *Fin de Satan* (la bastille) ». Il tenait donc à ne pas laisser dispersés les fragments portant la rubrique *Epîtres.*

Avant le texte de chaque fragment figurent une brève description du papier et une datation, plus ou moins probable. La BN a inscrit au crayon une date sur quelques fragments : on la trouvera reproduite précédée du sigle BN. Le sigle B, suivi d'un numéro de page, renvoie à l'édition Bouvet (Pauvert, éditeur), chaque fois que le fragment y a été publié. Ce même sigle a été utilisé dans les notes.

Dans le texte, les mots imprimés en italiques sont ceux qui ont été soulignés par Hugo sur son manuscrit.

Dans l'apparat critique, les mots en italiques sont ceux qui ont été barrés ou surchargés.

Les barres verticales marquent les limites des variantes qu'elles encadrent, mais sont contenues entre deux barres penchées celles qui se trouvent à l'intérieur d'une autre variante.

Les abréviations utilisées dans l'apparat critique sont les suivantes :

a   addition
g   à gauche
i   au-dessous de ce qui précède
m   en marge
p   postérieur au contexte
s   au-dessus du texte qui figure précédemment entre deux barres verticales
sc   en surcharge sur les mots en italiques qui précèdent
†   représente un mot qui n'a pu être déchiffré
[?]   ne s'applique qu'au mot précédent et indique une lecture douteuse
< >   si un mot, par ex. de coordination, a été omis par Hugo, il est rétabli
       entre crochets.

Ces abréviations peuvent se combiner ainsi :

as   addition au-dessus de la ligne principale
asp   addition au-dessus de la ligne principale et postérieure au contexte
amg   addition en marge gauche
amgp   addition en marge gauche et postérieure au contexte.

Les traits d'union et les majuscules qui, en tête de vers, très souvent, manquent dans le manuscrit ont été rétablis. De même on trouvera, par ex. : vitre, ventôse, imbécile, et non, comme l'écrit Hugo : vître, ventose, imbécille. etc...

# EPÎTRES

6/43 (ms 24.773, f° 130). Papier bleu. B, 1448.

. . .

Honnête homme, c'est bien, tu souffres, sois content.
Montre en te tenant droit, le but auquel on tend.
Sers de cible aux méchants, et sers aux bons d'exemple.
Quand César est fait dieu par le prêtre en plein temple,
5   Quand les trimalcions se mettent à genoux,
Prouver sa force est grand, montrer son cœur est doux.
Le malheur, tu le veux ; l'exil, tu le réclames.
La conscience est l'astre intérieur des âmes
Dont le juste en soi-même adore le lever.
10   Tout est le bien venu qui vient nous éprouver.
Ce que vous appelez, vous autres, chose triste,
Sort fatal, deuil, douleur, n'est rien quand on persiste.
Qu'importe l'ouragan, l'éclair, la foudre, tout ?
15   Le chêne est satisfait quand il reste debout.

20 avril 1870

1   Au-dessus de ce vers, la suscription *Epîtres* est barrée.
2   Ce vers a été ajouté dans l'interligne.
3   |*tu*|sc et|[la virgule précédant « tu » a été barrée.]
5   Quand||les trimalcions|s *tant de faux|Catons|s Brutus||*
7   |*je*|s tu||le veux ; |*je*|s tu||le réclames.
8   « de l'âme » a été corrigé en : des âmes.
9   en|soi-même adore|sp son cœur contemple|
10   |*approuver*|s éprouver|.
12   |persiste|s *résiste*|

7/139 (ms 24.795, f° 144). Papier vergé blanc, filigrane : Sainte-Marie ; cf. f° 145. 1869-75.

Epîtres
_____

Homme

Je le redis. Crois-moi, renonce à créer Dieu.
Qu'affreux géant touffu, sorti de ta cervelle,
Il soit sur l'Inde, à qui ton effroi le révèle,
Comme un arbre vivant de têtes et de bras ;
5  Qu'il brille, croissant d'or, au front des alhambras ;
Qu'il soit bœuf, cygne, loup, serpent ;
Que tu l'ornes d'un nimbe ou d'une corne, au seuil
De la crypte où jamais Argus ne ferme l'œil ;
Qu'il étonne des sphinx la prunelle hagarde ;
10  Ou qu'inventeur tremblant, tu mettes sous la garde
De sa foudre que tient l'aigle capitolin
Et de son noir sourcil, de tous les vices plein,
La porte Quirinale ou la porte Capène,
Ce Dieu-là, quel qu'il soit, n'est pas ; tu perds ta peine.
15  Tu subis,
L'appesantissement du rêve qui t'emplit ;
L'erreur alourdit l'homme ainsi que l'eau l'éponge ;
Mais le grand ciel n'est pas le vain palais du songe ;
A tes dogmes, plus vains que les mouches d'été,
20  Le firmament résiste étant la fixité.
Cette immense clarté n'admet pas notre lampe ;
Notre fumée au bas de l'éternité rampe,
Pleine d'erreurs, de dieux et d'ombres, sans pouvoir
Pénétrer dans le gouffre éblouissant et noir.

1  Au-dessus du vers 1, barré : *je l'e* †
   *Homme,* crois-moi
2  |*Soit* [?] *que, géant touffu*|s| † ɔs| Qu'affreux/géant|
6  serpent ; *que*
   Après ce vers, un vers entier barré énergiquement.
11  |*son aigle*|sc sa foudre|
15  Ce vers est inachevé.
19  |A tes dogmes [....] d'été|s Aux fables, s'envolant comme un essaim d'été|

_____

67/85 (ms 24.774, f° 217). Papier bleu vergé à larges raies. Après 1870. B, 1561.

Epîtres
_____

Je ne suis pas un saint, je tâche d'être un juste.

67/106 (ms 24.795, f° 75). Fragment de bande du journal *The Guernsey Mail and Telegraph*. Daté par la BN : 1864.

Epîtres

——

. . . .

Car nous ne sommes plus à ces temps merveilleux
Où, non loin du Nil Bleu, quelque archange à six ailes,
Nourrissait le prophète avec des sauterelles,
Où, quand Baruch vivait au creux d'un chêne vert,
5   Des esprits lui portaient la becquée au désert ;
Temps où l'on entendait, à l'ombre d'un palmiste,
Dieu parlant le matin au patriarche triste,

7  Le papier a été découpé ici, mais le passage se poursuivait ; on aperçoit en effet au
bord du f°, quelques traces du vers suivant.

———

67/109 (ms 24.795, f° 23). Papier crème. 1858.

Epîtres

——

Papa lapin siégeait sur sa chaise curule ;
Il tenait à la main son sceptre, une férule.
. . . . . .

———

67/110 (ms 24.795, f° 83). Papier blanc. 1860-5.

Epîtres

——

Les mots se sont
amadoués, sinon les choses

. . . .
    Aujourd'hui, partout...
On ne sait quel démon, qui raille les humains,
Mêle au progrès réel un progrès ironique ;
Ce qu'on nommait mensonge on l'appelle chronique ;
5   Quiconque a le succès se passe du remords ;
Le sbire est galonné ; les condamnés à mort,
Dans leur cachot qu'on nomme honnêtement cellule,
Au lieu de cette grille effroyable où pullule
L'araignée attachant sa toile aux nœuds de fer
10   Qu'empourpre vaguement une lueur d'enfer
Ont une fenêtre blanche et peinte à l'huile, où monte
Une persienne fixe à planchettes de fonte.

9  |nœuds|s pieux|

———

67/113 (ms 24.795, f° 45). Papier bleu, estampé S. Barbet Junior. Vers 1858.

Epîtres
———

. . . . .

     L'été pendant les accalmies [1],
Quand la lune se berce aux vagues endormies.
. . . . . . . . . . .

———

C'est bien, fais la revue horrible des misères,
. . . . . .Fais dresser à ton lugubre appel
Les spectres de Bicêtre et de White-Chapel,
Parle aux masures, parle aux grabats, parle aux bouges
Aux caves où la faim veille avec ses yeux rouges,
Aux galetas de Lille aux greniers [2] de Rouen
. . . . . . .

Crie à tous

                    rapace
         au vanupieds qui passe
Au pâle mendiant, au blême prisonnier,
Debout ! — Sois le clairon du jugement dernier
Après ? . . . . . . . . . .

1   |   †   |sc *accalmies*|i accalmies|
2   |greniers|s taudis|

———

67/127 (ms 24.795, f° 77). Papier bleu pâle. 1863-4. B, 1588.

Epîtres
———

. . .

Je médite d'aller, avec qui veut me suivre,
Vivre seul aux Casquets, là-bas, en pleine mer.
. . . .

Je mets en ce moment ce rocher à l'étude.
Je suis infatigable en fait de solitude.

———

67/180 (ms 24.795, f° 36). Papier bleu, finement vergé. 1860-61. B, 1584.

Epîtres
———

            Cérès
La déesse en riant vint à moi ; la lumière
Dorait sa gorge ronde et le pur modelé
De son bras, entrevu sous la gerbe de blé.

67/183 (ms 24.795, f° 68). Au v° d'une lettre en anglais, datée 7 mars 1863, informant Hugo qu'« une brochure » française « Monseigneur de Miollis, relativement aux *Misérables* de Victor Hugo » est en vente chez H. Turner, libraire 40 High Street Guernsey. B, 1578.

Epîtres

———

. . . .
    Soyez indulgent au prochain ;
N'ajoutez pas, si c'est du crime ou de la honte,
Une foi trop facile à tout ce qu'on raconte ;
Ne croyez point le mal aisément ; c'est un tort
5  Qu'imprudent vous mêlez vous-même à votre sort ;
Croire le mal peut nuire à des choses profondes
Qui vous touchent dans l'ombre insondable des mondes.

1  Avant ce vers, « Epîtres » est en sc sur : Comédies
3  |facile|s rapide|

———

67/185 (ms 24.795, f° 93). Au v°, le timbre postal : 10 février 1858.

Epîtres

———

. . .
La Sibylle hurlant sur le trépied de Cume,
Le navire qui fuit et penche dans l'écume,
La branche au vent, l'esclave implorant la rançon
Et l'onde et les oiseaux n'ont pas plus de frisson.
. . . .

———

67/186 (ms 24.795, f° 67). Au v° d'une enveloppe adressée à Guernesey. Daté par la BN : 1863.

Epîtres

———

        Belles petites,
      . . . . . . . . . . . . . . .
Et vous vous racontez entre vous vos péchés
Avec des mouvements d'oiseaux effarouchés.

———

67/187 (ms 24.795, f° 64). Au v°, le timbre postal : Clermont-Ferrand 24 mars 1862.

Epîtres

. . . . .

Laissez-le donc d'abord être père, cet homme.
Vous voulez qu'il retire aux siens leur point d'appui !
Vous voulez qu'effaçant la nature de lui,
Il ôte à ses enfants son âme, et vous la donne !
. . . .

---

67/189 (ms 24.795, f° 71). Papier de deuil. Au v°, le timbre postal : 17 décembre 1862. B, 1605.

Epîtres

. . . . .

Sur l'horizon, au nord, on voyait un tas sombre
De nuages légers, mous, frissonnants, sans nombre,
Qu'on eût dit épluchés par les doigts d'un géant ;
Et tout un coin du ciel, partout ailleurs béant,
Disparaissait, couvert de ce duvet étrange,
Comme si quelque diable eût plumé là quelque ange.

---

67/190 (ms 24.795, f° 70). Au v° d'une enveloppe adressée à Hauteville-House. 1863.

Epîtres

. . .

Heureux les bons ! heureux les justes !
Dieu même arrangera l'oreiller de leur lit.
  ou :

. . .

Et, pour qu'ils dorment bien, Dieu se penchant dans l'ombre,
Vient lui-même arranger l'oreiller de leur lit.

---

67/191 (ms 13.419, f⁰ 85). Au v°, un timbre postal de 1862. Adresse : à
V. Hugo, Bruxelles.

Epîtres
———

. . . .
C'est lui, l'esprit, le mage énorme, le poète !
Il gronde ; tout en lui se mêle et se confond ;
Il bouillonne dans l'ombre avec un bruit profond,
Et par une embouchure immense, tombe aux gouffres.
5   Oh ! dis-moi d'où tu viens, dis-moi ce que tu souffres,
Poète, conte-moi tes tourments, tes douleurs,
Tes chutes, tes écueils, parle, ô fleuve de pleurs !
Onde, pourquoi l'écume ? Ame, pourquoi la plainte ?
. . . . . . . . . . . . . . . . . . . . . . .

1   |énorme|s effrayant|,
6   |âme dis|sc conte|-moi

---

67/193 (ms 24.795, f⁰ 69). Au v° d'une adresse : Hauteville-House. Timbre
postal : 1863.

Epîtres
———

espiègleries du printemps
du vent, de la nature, etc.
démentis aux choses
absurdes des religions.
Dieu.
Cette bonté suprême est pleine de malices [1].

(1) Tout est de la même écriture mais le début : « espiègleries [...] des religions » a probablement été ajouté par la suite.

---

67/196 (ms 24.795, f⁰ 65). Au v° d'une enveloppe adressée à Jersey ; au
v° le timbre postal est illisible. B, 1582.

Epîtres
———

. . . .
La bonne [1] vieille marche avec un tas de linge
Qui branle sur sa tête, et que, cahin caha,
Elle porte au ruisseau [2] comme Nausicaa.

(1) |bonne|s pauvre|
(2) |ruisseau|s lavoir|

67/197 (ms 24.795, f° 30). Même papier blanc vergé que celui du f° 29. Vers 1860.

Epîtres

Bêtes des champs...
　　　　　Dieu vous sert des repas où sont joints
　　Les thyms aux serpolets, les mauves aux benjoins [1].

(1) Au bas du f° et écrit à l'envers figure, rayé d'un trait ondulé et précédé de la mention: épîtres :

　　　　Il est au fond des cieux des|soleils|s mondes|

---

67/198 (ms 24.795, f° 29). Papier blanc vergé, cf. 67/197. Vers 1860.

Epîtres [1]

....

　　　　　　　Sitôt que la débauche
　　A remplacé le cœur sous la mamelle gauche,
　　　　Hélas !　　　　　　　　　blouse
　　　　　　　　　　　le géant de
　　　　　　　　　　　Mulhouse
　　　　　　　　　　　jalouse
　　　　　　　　　　　pelouse
.......

(1) Epîtres est en sc sur L. des S.

---

67/199 (ms 24.795, f° 102). Papier blanc vergé. 1860 ?

Epîtres

....
Chacun suit son instinct ; le choix a ses mystères ;
Gérard chasse aux lions, Bombonnel aux panthères [1]

Et Brillat-Savarin préfère un bon dîner.
......

(1) |*panthères*|s/ † /sc *panthères*/|I panthères|,

---

67/200 (ms 24.795, f° 5). Fragment de bande d'envoi. 1855-60. Deux écritures différentes : [a] écriture droite, un peu irrégulière ; [b] encre moins noire, écriture penchée, appuyée.

Epîtres
———

[a]
. . . .
Plus implacable, hélas, plus dévorant, plus noir
Que la griffe du tigre ou le cœur de Tibère,
Ou la flamme léchant le four à réverbère.

[b]
Ou :. . .
Férocité que rien n'égale.
                    ni Tibère.
Ni la flamme léchant le four à réverbère,
Ni le tigre, ni Jeanne ingrate pour Jeannot,

———

67/203 (ms 24.795, f° 66). Au v°, le timbre postal : 22 décembre 1862.

Epîtres
———

. . .
Comme on rit d'un bon rire autour du méchant pris
Et bafoué, criant en vain sous le mépris !
L'épine est plus joyeuse à brûler qu'autre chose.

Le pilori d'un gueux est votre apothéose,
5 Honnêtes gens !
. . . . . .

1  |du|s d'un|

———

67/207 (ms 24.795, f° 28). Papier blanc vergé. 1860.

Epîtres
___

. . . . . . .
Que la nature ait moins d'agneaux pour les lions,
. . . . . . . . .
Que la providence soit un peu plus mère
pour les petits et un peu plus marâtre pour
les grands, qu'elle perde ses droits à leur reconnaissance [1],
qu'elle leur ôte la chair de dessous la dent, qu'elle les nourrisse moins
bien,
. . . . et que Dieu s'aliène
Le cœur de la panthère et l'amour de l'hyène,
Qu'il perde chez les loups sa popularité ;
C'est un malheur,
mais je suis de ceux qui s'y résignent

1 |as Qu'elle perde [...] reconnaissance,|

___

67/209 (ms 24.795, f° 16). Papier bleu pâle vergé. 1855-60.

Epîtres
___

. . . . .
Folle rapidité des jugements humains !

___

67/214 (ms 24.795, f° 62). Au v°, le timbre postal : Bruxelles, 27 octobre
1861.

Epîtres
___

. . . . .
Le grand venait devant et semblait en prière,
Il louchait ; le petit, hargneux, marchait derrière.
On eût cru voir Saint Roch et son chien, Saint Roquet.
. . . . .

___

67/218 (ms 24.795, f° 12). Papier bleu pâle vergé. 1859-60. B, 1586.

Epîtres
___

Car Eve est au serpent
Depuis l'eden, du droit du [1] premier occupant

(1) |du|s de|

67/222 (ms 24.795, f° 6). Paraît être un fragment de bande d'envoi de journal. Vers 1860.

Epîtres

. . . . .
Il est dévot [1], il est mondain,
Croit, doute, et sa cervelle est une mosaïque
De foi religieuse [2] et de raison laïque ;
Arlequin composé d'Ignace et d'Arouet.

(1) |dévot|s jésuite|
(2) |De foi religieuse|s De vision bigote|

---

67/224 (ms 24.795, f° 58). Au v°, le timbre postal : 1860.

Epîtres

. . . . . .                              Attends-tu par hasard
Quelque vision gaie, admirable et certaine ?
Molière t'amenant sous le bras Lafontaine,
Chapelle et Bachaumont, Voltaire et Mylord Kaith
5    Vont-ils donc t'arriver tantôt par le packet ?
. . .

4  |Voltaire et Mylord Kaith|s Veuillot et Bilboquet|
Au-dessous de Kaith, Hugo a mis un point d'interrogation.

---

67/225 (ms 24.795, f° 126). Papier bleu pâle, très finement vergé. 1856-60 ?
(La date BN 1872 paraît trop tardive.)

Epîtres

. . . .
Souvent, dans son Histoire Amoureuse des Gaules,
Je ne croit point Bussy, tout Rabutin qu'il est.
Pourtant il a conté sur un certain valet
Et sur un certain prince une histoire authentique,
5    Et dont voici le sens :
. . . . .

3  Hugo a écrit : compté

---

67/227 (ms 24.795, f⁰ 35). Morceau de bande d'envoi d'un journal. Vers 1860.

Epîtres
———

. . . . .
O ferrures que sculpte et fouille Biscornette,
O vases de Lépautre, émaux de Limosin.
. . . . . .
Benvenuto Cellini
Bernard Palissy
Quentin Metzis
Franc Floris

———

67/228 (ms 24.795, f⁰ 32). Papier blanc estampé : S. Barbet jun$^r$, 25 High Street, Guernsey. Vers 1860. B, 1604.

Epîtres
———

. . . .
Les princes d'autrefois sont énormes et noirs ;
Ils ignorent Versaille et les mièvreries.
Etant tueurs, ils ont l'odeur des boucheries.
Ces héros-là, des gens d'aujourd'hui différents,
5  Sont puissamment naïfs et brutalement grands.
   — M'a-t-on pris mes moutons ? m'a-t-on volé mes vaches ?
Crie Achille, effrayant l'Atride aux airs bravaches,
Avec des hurlements bien autrement corrects
Que les vers de Racine ornés de faux nez grecs.

A la fin du v. 5, Hugo a mis un point qu'il a fait suivre de deux points.

———

67/230 (ms 24.772, f° 303). Au v°, un exemplaire imprimé de la déclaration datée 18 août 1859 dans laquelle Hugo refuse l'amnistie accordée le 16 août par Napoléon III. B, 1333.

Epîtres

━━━

. . . . .
Quand le poète est las, ce grand esprit banni,
De battre avec son aile immense l'infini,
Quand il sent le besoin d'interrompre sa course
Entre la mort, fin sombre, et Dieu, fatale source,
5    Ne pouvant plus planer, mais voguer seulement,
Sidéral et superbe, il se pose un moment
Sur quelque passion courante et populaire
Pareil au hibou [1] blanc, chasseur du ciel polaire,
Qui s'abat de fatigue aux vergues d'un vaisseau [2].

. . . . . .
Il devient Juvénal sans cesser d'être Eschyle.
                    Il est Dante [3].

1    |au hibou|s à l'aigle|
2    |d'un vaisseau|i des vaisseaux|
3    Les deux dernières lignes sont d'une autre écriture.

━━━━━━━

67/235 (ms 24.774, f° 196). Au v°, le timbre postal : 11 juillet 1860. B, 1553.

Epîtres

━━━

. . . . que de nuit dans ta gloire, ô Versailles !
O siècle de Louis, mêlant sur son pavois
La splendeur de Molière aux crimes de Louvois.
Règne pompeux rongé de lèpre et de vermine !
5    Une femme empoisonne, une femme extermine,
La Maintenon est spectre après la Brinvilliers.
                    . . . .

━━━━━━━

67/237 (ms 24.795, f° 38). Papier gris vergé. Date BN 1859.

Epîtres

━━━

. . . .
Un damp abbé, personne révérende

━━━━━━━

67/238 (ms 24.795, f° 27). Papier blanc vergé. Vraisemblablement vers 1860.

Epîtres
———

. . . . .
L'émondeur est lent, certe, ou l'abus est vivace.
Comme il reparaît vite après qu'on l'a fauché !
Pendant qu'Eutrapelus sur ma barbe penché,
La rase d'un côté, de l'autre elle repousse.
5  Il me barbouille, il met dans ma bouche son pouce,
Cela n'avance à rien qu'à me faire crier :
Le sot gouvernement et le méchant barbier !

———

67/239 (ms 24.795, f° 49). Au v° d'un exemplaire imprimé de la déclaration
datée 18 août 1859 dans laquelle Hugo refuse l'amnistie accordée le 16 août
par Napoléon III. B, 1566.

Epîtres
———

. . . . . .
Bonne jeunesse ! ô jours charmants ! je vous aimais
D'une façon stupide et divine, madame.
Je sentais voleter les ailes de mon âme
Dans les accroche-cœurs épars sur votre cou.
5  Comme vous étiez belle et comme j'étais fou !
Vous parliez, j'étais là, je ne savais que dire ;
Une douce lueur sortait de votre rire ;
Si j'avais eu Paris, j'aurais donné Paris,
Et Londre, et Lafayette avec ses cheveux gris,
10  Et Jupin et sa foudre, et Minerve et sa pique,
Napoléon-Le-Grand debout d'un air épique,
Pacca pondant un pape et Pitt bâclant un bill,
Pour te prendre un baiser à travers ton babil.

———

1-2  Ces deux vers paraissent être d'une autre écriture que ce qui suit.
  4  |cheveux follets tremblants|s accroche-cœurs épars|

67/240 (ms 24.795, f° 48). Fragment d'une couverture de livre : *Correspondance de Béranger* [elle avait été publiée chez Perrotin en 1860 et Hugo la possédait à Guernesey]. B, 1582.

Epîtres
___

### Sicile

. . . . .

Catane au front pensif songe dans la montagne ;
Ségeste, âpre ruine où planent les milans,
Rêve et semble écouter quand, le soir, à pas lents,
Les pâtres nus, parmi les touffes d'angélique,
5  Errent, soufflant leur âme au pipeau bucolique.

___

67/242 (ms 24.795, f° 39). Au dos d'une enveloppe adressée à Hauteville-House ; entre 1858 et 1860.

Epîtres
___

. . . .

Assommez ce géant avec tout votre effort ;
Faites de son cerveau monstrueux une enclume,
Que sous votre merlin sa tête éclate et fume,
Abattez sur son crâne une martinet Nasmyth,
. . . .

___

67/245 (ms 24.795, f° 20). Papier blanc estampé : S. Barbet jun[r], 25 High Street, Guernsey. 1856-8.

Epîtres
___

. . . . . .

Grand bruit pour peu d'effet, on voit cela souvent ;
Dracon fait le méchant, César fait le terrible,
Knox roule de gros yeux en frappant sur sa Bible,
Le pape adresse au monde un sermon d'apparat,
5  Total : Rien. La montagne accouche, il naît un rat.

I   |on voit cela|s cela se voit|

___

67/270 (ms 24.795, fº 34). Au dos d'une enveloppe bleu foncé. Timbre postal : Paris, 11 décembre 1859.

Epîtres

― ― ―

. . . .
Mettre un sarcasme où Christ avait mis un symbole,
Ricaner, remplacer par un diable une idole,
Dégrader l'infini, faire dire : Va-t'en !
Au vieux duc Jéhovah par le marquis Satan ;
5  Ce n'est point là mon but.
. . . . .

  1  |Christ|s Rome|
  3  |Dégrader|s Dépraver|I Détrôner|

―――――――――

67/272 (ms 24.795, fº 15). Au dos d'une enveloppe adressée à Guernesey. 1858. B, 1604.

Epîtres

― ― ―

. . . . . .
               Parfois on ne sait quel démon
Prend un rayon des cieux qu'il tord dans du limon,
Et mêle l'affreux vice à la beauté vermeille.
Vois Messaline nue [1]. Oh ! l'infâme merveille !

(1) |Vois Messaline nue.|s Vénus dans Messaline,|

―――――――――

67/274 (ms 24.795, fº 33). Au vº, un timbre postal peu net : octobre 1859. B, 1604.

Epîtres

― ―

Aussi bien que le corps, l'âme a soif, l'âme a faim ;
L'athée est pauvre et nu ; sans Dieu la vie est noire,
Moi j'ai besoin d'aimer et j'ai besoin de croire ;
Je veux vivre, espérer au-delà du tombeau,
5  Et sentir au-dessus de la terre le beau,
Car c'est parmi les maux la plus grande misère
De n'avoir pas en fait de ciel le nécessaire.
. . . . . .

  4  *J'ai besoin* Je veux

―――――――――

67/275 (ms 24.795, f° 40). Au v°, un timbre postal illisible. Probablement vers 1855-6.

Epîtres

. . . . . .
Quelques hommes, après les révolutions,
Même quand tout un peuple aux droits nouveaux s'appuie
Ne sont pas convaincus ; ainsi qu'après la pluie,
Il reste des endroits qui ne sont pas mouillés.
. . . .

67/276 (ms 24.763, f° 489). Au v°, un timbre postal : 11 janvier 1860.

Dieu
ou
Epîtres

. . .
Crains le désir de savoir, ce prurit
Dangereux [1] pour la chair autant que pour l'esprit,
Et qui faisait rêver devant la double flamme
Du bûcher pour le corps et de l'enfer pour l'âme,
5  Socin, sinistrement averti par Calvin.
. . . . . .

fondation du
socinianisme [2]
lettres de Calvin

1  |Dangereux|s Périlleux|
2  Hugo a écrit : socianisme.

67/278 (ms 24.795, f° 43). Le papier porte en en-tête, au v° : Insurance association Fire and Life. Vers 1860.

Epîtres

. . . . . . .
Ce nom de grand qu'on brode
Autour de Constantin ou bien autour d'Hérode.
. . . . . .

67/281 (ms 24.795, f° 24). Au v° d'une enveloppe adressée à Hauteville. 1856.

Epîtres

- - - - -

      Torquemada s'en réfère à Caïphe
Judas prend à témoin de son honneur Bourbon,
Le faux s'affirme vrai, le méchant se dit bon,
Et de leur loyauté les perfides se vantent.
5   Ces éructations de serments m'épouvantent.

     . . . . . . . . . . . . . . . . . .

1   s'en *prend* réfère
2   Hugo a placé ce vers entre deux barres verticales et un point d'interrogation figure en marge droite.

---

67/282 (ms 24.795, f° 55). Au v°, un timbre postal illisible. Vers 1858. B, 1604.

Epîtres

      Homme . . . ., la volupté est folle
L'orgueil est imbécile et téméraire ; il a
Son spectre dans la fable ainsi que dans la Bible ;
Ici la chute affreuse, ici la roue horrible ;
5   Si l'une a les Amans, l'autre a les Ixions.

     . . . . . . . . . . . . . . . . . . . . . . . . . . . . . . . . .

Qu'importent les honneurs et les ambitions,
Toutes les vanités et toutes les surfaces,
Or, gloire, amour, puissance ! Homme, quoi que tu fasses,
Tu vas toujours, à pas rapides ou tardifs,
10   Vers ce coin noir qu'on voit là-bas entouré d'ifs.

1   Dans la rubrique, les mots : *Dieu ou* sont barrés avant Epîtres
      |*Hommes*|sc Homme|
3-5   Ces vers sont réunis par une accolade ; en face, un point d'interrogation.
4   |la chute affreuse, |s *l'affreux* [?] † |I l'affreux gibet|
6   Hugo a écrit : Qu'importe

---

67/297 (ms 24.795, fo 86). Papier crème vergé. 1865-70. B, 1605.

. . . . .
A la condition de ne point perdre terre,
Tu vas en avant, mais l'essor te manque. Ami,
Tu ne te sens, dis-tu, poëte qu'à demi ;
Tu ne sais pas saisir au vol la rime en fuite ;
Ton esprit, où pourtant une pensée habite,
N'est pas assez profond, pas assez étoilé,
Pour qu'il puisse en jaillir l'immense vers ailé ;
Eh bien, ne chante pas, et sois poëte en prose ;
Le galop de Pégase est déjà quelque chose,

Je me déconcerterais, moi [1] !

. . . .
Qui donc arrête court la vérité [2] ? Qui donc
fait balbutier le tonnerre [3] ?

(1) Ce vers, comme ce qui suit, est d'une autre écriture.
(2) |vérité|s justice| ?
(3) Après cette ligne : barré :
. . .
C'est bien. Soyez joyeux, et |complétons|sc complétez| l'empire
Par tout ce que le rire
ajoute aux attentats
« C'est bien. Soyez joyeux » a vraisemblablement été ajouté par la suite.

---

67/353 (ms 24.795, fo 140). Papier blanc vergé à larges raies. Fin de l'exil,
semble-t-il.

Epîtres

. . . . . . . . . . . . .
Soit.
Proudhon, qui parfois se prononce Prudhomme,
Veut Boileau sur le Pinde et le pape dans Rome ;
Laissons-lui sa marotte, et tournons-nous, ami,
Vers l'art régénéré, vers le peuple affermi,
Vers la grande Italie et vers la grande France.
. . . . . . . . . . . . .

69/102 (ms 24.795, f° 143). Papier blanc. Autour de 1873.

Epîtres
———

. . .
J'ai connu deux acteurs, bons et braves garçons ;
Leur acte de naissance, honnête et chimérique,
Semblait leur octroyer tout l'or de l'Amérique ;
L'un s'appelait Chili, l'autre avait nom Pérou ;
5   La faim dans son grenier, le souffleur dans son trou,
La pauvreté vaillante et folle du bohème,
N'en gouvernaient pas moins leur vie, obscur poème,
Roman où le réel tutoyait l'idéal,
. . . . .

———

Chilly — Porte St-Martin
Perroud — Odéon

2  |honnête|s aimable|
8  | † |sc tutoyait|

———

69/125 (ms 24.772, f° 415). Fragment de papier bleu portant imprimé au v°
un menu en anglais. 1866 environ. B, 1353.

Epîtres
———

. . . . . . . .
        à quoi bon souhaiter de longs jours ?
Un vieillard est souvent puni de sa vieillesse
Par le peu de clarté que le destin lui laisse.
Survivre est un regret poignant, presque un remords.
5   Voir la ville brûlée et tous ses enfants morts
Est un malheur possible, et l'aïeul solitaire
Tremble et pleure de s'être attardé sur la terre.
Que te sert, ô Priam, d'avoir vécu si vieux ?
Hélas ! tu vois tomber la foudre sur tes dieux.

(Omnia vidit
Eversa *Juvénal*) voir *Priam*

1  Au début, ces deux vers barrés qui, légèrement modifiés, ont été déplacés à la fin :
*Que te sert, ô Priam, d'avoir vécu si vieux !*
. . . . . . . . . . . . . . . . . . . . . . . . . . . . . .
*Tout meurt, tu vois tomber la foudre sur tes dieux.*

   Le fragment du vers 1 paraît avoir été ajouté dans l'interligne ; Hugo avait d'abord
écrit : *à quoi* qu'il a barré et remplacé par « à quoi bon » écrit sur la même ligne et
devant la rature.
4  |regret|s chagrin|
6  |*destin*|sc malheur|
9  Après ce vers, la citation latine est entourée d'un trait ; les deux noms propres sont
soulignés.

———

69/282 (ms 24.735, f° 49), *Boîte aux lettres ou Epîtres :* fragment publié dans *Boîte aux lettres,* éd. Flammarion, p. 104.

---

70/167 (ms 24.795, f° 113). Papier blanc vergé, à larges raies. 1871.

grappin
Scapin

---

. . . .
Quand les Corinthiens inventent la trirème
Quand Plaute enfante Dave et Molière Scapin,
Quand Triptolème sème et du blé fait le pain
Quand Duilius construit le corbeau, noir grappin
5  Qui plane et qui s'abat sur la flotte en tumulte,
Quand Denys le Tyran trouve la catapulte,
Quand Archimède fait brûler le feu dans l'eau,
Quand Racine assouplit l'âpre vers de Boileau,

2  |*Quand Duilius construit* [début de vers abandonné] |mg et s quand/ †/sc Plaute/ enfante Dave|
8  |assouplit l'âpre|s attendrit le dur|vers

---

70/170 (ms 24.735, f° 466). Papier blanc vergé, à larges raies. 1868-9.

Epîtres

---

Jersey —Guernesey
L'exil—aux proscrits

Vous en souvenez-vous ?

. .
Comme à chaque premier janvier on espérait,
Et comme on s'écriait : C'est une année œuvée !
Comme de l'avenir on guettait la couvée !

---

Le génie est un don, le bonheur est un prêt [1].

1  Après cette ligne, barré :
                    *le sceptique — l'homme raisonnable*

---

70/177 (ms 24.795, f° 134). Papier bleu pâle, mince ; cf. f°ˢ 114, 118 à 120, 135. Vers 1870.

Epîtres

. . .

Mets au Palais-Royal, obscène et plein de filles,
Une vestale unique, on jasera dessus ;
Un homme bien fait gâte un pays de bossus ;

. . . .

70/180 (ms 24.795, f° 135). Papier gris clair, très finement vergé. Vers 1870.

Epîtres

A . . .            peindre le printemps
                et finir ainsi :

. . .

Et nous sommes ici plusieurs qui vous aimons.

70/183 (ms 24.795, f° 118). Papier bleu pâle, mince ; cf. 114, 119, 120. Vers 1870.

Epîtres

. . . .

Mais avec quelque impur sophisme des ruisseaux,
Lourd de fiel, ou trempé dans l'eau claire des sots,
Laver ces malfaiteurs que de ses voix tonnantes
Poursuit l'histoire, Hébert, Fréron, Fouché de Nantes,
5  Carrier, pire qu'Arbuez et que Caligula,
Non, mon vers n'use point de ces éponges-là.

. . .

70/184 (ms 24.753, f° 1424). Papier bleu. 1868-70. [a] écriture droite, au crayon bleu, lettres parfois mal formées ; [b] écriture droite, encre noire, un peu anguleuse, régulièrement appuyée.

[a]

Epîtres

———

comédie

Le riche pauvre, comédie

———

Don Amilcar

Mais où donc avez-vous rêvé que j'étais riche ?
Des maisons qu'on ne peut pas louer, des champs en friche,
Plus de rente à payer qu'on n'a de revenu,
Un déficit latent, formidable, inconnu,
5   Qui grossit d'une année à l'autre....

et l'on n'aurait plus un liard sur la terre
Si quelque diable gai, chez vous propriétaire,
Venait et séparait, avec son petit doigt
Du million qu'on a le million qu'on doit.

———

[b]
. . . . .
Le lit étant un drôle et l'alcôve une infâme,
J'abolis tout rapport entre l'homme et la femme.
Je neutralise tout.
— Tu fais eunuque Dieu.

1   |donc avez-vous|s ces gens ont-ils| rêvé
2   |Un logis|s Des maisons|
6   |Si bien qu'|s et l'on|
7   Ce vers paraît avoir été ajouté dans l'interligne.
    |diable|i lutin|
9   Hugo a écrit : doigt [lapsus]

———

70/186 (ms 24.795, f° 115). Papier bleu pâle. 1870.

. . .

Il veut que le vers baragouine

Du latin, et transforme en Phyllis toute gouine
Qui passe avec sa cruche et va chercher de l'eau ;
. . . . .
. .
Il faut que le cheval, pour plaire à ce pédant,
5 Frappe le champ pourri d'un son quadrupédant.
Ce qui charme en latin en français est barbare,
Il l'ignore.

. . .

1  Au-dessus de ce vers, barré : *Il faut pour le charmer*
5  |*sol*|sc champ|

---

70/188 (ms 24.775, f° 155). Papier blanc. Vers 1860.

. . . Sombre époque où Byzance
Ployant sous l'affreux poids du trône impérial
Que peint Ville-Hardoin [1], revu par dom Brial.

. . . .

Mon filet, à travers ses mailles, c'est ma règle,
Ami, laisse passer la mouche et retient [2] l'aigle.

(1) |Ville-Hardoin|i Villehardoin|,
(2) |retient|s saisit|

70/190 (ms 13.401, f° 139). Papier bleu pâle très finement vergé. Vers 1862.

Epîtres
comédie

· · · · ·
Il [1] rejette l'ampoule et les mots de sept pieds

(*projicit ampullas et sesquipedalia verba* [2])

(1) |Il|s Je|
(2) Cette citation est soulignée.

70/192 (ms 24.795, f° 119). Papier bleu pâle, mince ; cf. f°ˢ 114, 118, 120. Vers 1870. Peut-être de la fin de l'exil.

Epîtres

Cherche [1] pour t'éclairer tous les moyens possibles.
Mêle tous les korans avec toutes les bibles,
Exprime en un seul Dieu tous les dogmes [2],
· · · ·
Consulte quiconque
    dans une religion
      ou dans l'autre a le don [3] de la parole
· · ·
     Fais dialoguer l'âne
De Balaam avec les chevaux du soleil.

(1) Hugo a écrit : Chercher
(2) |dogmes|s cultes|,
(3) « le don de » est entre deux barres verticales

70/193 (ms 24.795, f° 120). Papier bleu pâle, mince ; cf. f°ˢ 114, 118, 119.
Vers 1870.

Epîtres
_____

### (Les hommes)

. . . . .
Et j'en dis ce que dit Martial de son livre :
C'est bon, c'est médiocre, et surtout c'est mauvais.

_____

. . .
J'émiette sur mon toit du pain pour les oiseaux.

_____

### *Les calomniateurs* [1]

. . . .
       et de plus ils raillent, . . .
L'affront, l'éclat de rire et la huée augmentent
Le crime de ces gens misérables qui mentent.
. . .

(1) Ces mots en italiques sont soulignés.

_____

70/195 (ms 24.795, f° 114). Papier bleu pâle, mince ; cf. f°ˢ 118, 119, 120.
Date incertaine de l'exil.

### A un libéral dévot [1]

Epîtres

. . . .
Toute religion met de la vérité
Au monde, et l'homme sage et raisonnable achève
L'accouchement du vrai par le rejet du rêve ;
A ton catholicisme ôte son placenta.
Tâche qu'il soit viable.
. . . .

(1) « A un libéral dévot » a été ajouté en haut du f°.

_____

70/198 (ms 24.795, f° 108). Papier bleu quadrillé. Fin de l'exil.

Epîtres

...

Quand l'imprimeur n'aurait pour imprimer mes œuvres [1]
Que du papier à sucre et des têtes de clous.

....

Je vis [2] sous un palétuvier
Un monstre digne d'être annoté par Cuvier [3].

(1) |œuvres|s livres|
(2) |vis|s rêvais|
(3) |*Un de ces animaux reconstruits par Cuvier.*|i Un monstre [...] par Cuvier.|

---

70/200 (ms 24.795, f° 145). Papier vergé blanc, filigrane : Sainte-Marie ; cf. f° 144. 1869-75.

Epîtres

....

... Ecrivez, et soyez patient.
On n'est pas tout de suite illustre, grand, notoire ;
L'utilité d'un livre en précède la gloire,
Car la lumière va plus vite que le bruit.

---

77/64 (ms 24.795, f° 98). Papier bleu pâle. Vers 1864. Date BN 1870.

Epîtres

....

Ils ne peuvent que nuire, et c'est là leur essence.

Le mal est leur pouvoir, le bien leur impuissance.

— Qu'appelez-vous le bien ? Qu'appelez-vous le mal ?

....

77/65 (ms 24.795, f° 103). Papier blanc. 1860-70.

Epîtres
———

Matérialisons
———

Asmodée avec don    Cléophas
triomphas
calfats [1]
. . . et per fas et nefas

Il faut jouir, c'est tout.

(1) « Cléophas, triomphas, calfats », de même écriture que le contexte, semblent cependant avoir été ajoutés par la suite.

———

77/92 (ms 24.795, f° 78). Au v°, l'adresse est illisible. 1863-4.

La réforme                Epîtres
———

. . .
Trois hommes ont détruit Babylone ; ils se sont
Distribué la tâche en leur ardente extase,
Luther le toit, Calvin le mur, Socin la base
Socin fut le plus rude ouvrier [1] . . .
Tota licet Babylon, destruxit tecta Lutherus
Muros Calvinus, sed fundamenta Socinus [2].

(1) Ce fragment de vers entre deux barres verticales.
(2) Les deux lignes en latin sont encadrées d'un trait à la plume.

———

77/93 (ms 24.774, f° 226). Papier blanc vergé. 1870.

Epîtres
———

Tel imbécile prend le dégoût pour le goût

———

77/95 (ms 24.774, f⁰ 249). Au v⁰, l'adresse : Hauteville-House, Guernesey sans timbre postal. 1866-70.

Epîtres

. . . .
Après la mort,. .
Dieu, qui créa la nuit, ne peut punir l'erreur.
Toi qui t'es seulement trompé, sois sans terreur
L'homme un jour contre lui, dans ces ombres si hautes,
5  N'aura pas ses erreurs, mais il aura ses fautes.

2-3  Dans la première rédaction, ces vers étaient inversés ; des numéros en marge et un signe indiquent quel doit être l'ordre définitif.

---

77/97 (ms 24.795, f⁰ 84). Papier bleu, imprimé au v⁰, portant le titre : Glowworth and Evening News. 1860-65. B, 1605.

Epîtres

. . .
Dieu, père autant que maître [1],
Ne peut damner l'erreur, puisqu'il a fait la nuit.

(1)  |maître|s juge|,

---

77/102 (ms 13.401, f⁰ 155). Papier blanc très finement vergé. 1872-3.

Epîtres

Juvénal dit : . . .
Personne ne connaît sa maison plus que moi
Le bois de Mars.

. . .
Nota magis nulli domus est sua quam mihi lucus
Martis ; et eoliis vicinum rupibus antrum
Vulcani : quid agant venti ; quas torqueat umbras
Æacus ; etc...

---

77/106 (ms 24.795, f⁰ 10). Papier blanc vergé. Vers 1860 ?

Epîtres
—

. . . . .

Debout sur ma falaise,
Je médite, pareil au vieillard du Galèse,
. . .

92/40 (ms 24.772, f⁰ 16). Papier blanc vergé à larges raies. Vers 1870.

Epîtres
ou Lég. des Siècles
—

. . .

Quand Auguste mourut, Rome, donnant l'exemple,
Prit le mont Palatin pour lui bâtir un temple,
Et Livie y dressa des figures d'airain ;
Elle mit au sommet du fronton souverain
5   Neptune et Jupiter, et sous le péristyle
Le mime Claudius et le danseur Bathylle.

——— o Dieu

2   |Prit|s Sur|
    |pour lui|s lui fit|
5   Hugo avait d'abord écrit : pérystile

106/57 (ms 24.753, f⁰ 1343). Au v⁰ d'un faire-part de décès. Vers 1860.

Comédie
épîtres    peut-être Dieu
—

. . .

(Paroles et ironies de l'esprit noir)
Inepties royales et humaines
    . . . . .         (1ᵉʳ)
le roi Jacques
Prenait une sorcière et la faisait bouillir ;
Pourtant dans sa justice il craignait de faillir,
Des doutes s'élevaient dans son âme princière ;
Cette femme était-elle en effet bien sorcière ?
5   Et, pour s'en assurer, il goûtait le bouillon.
      . . . . . . . .

4   |femme|s vieille|

141/7 (ms 24.795, f° 146). Au v° d'un faire-part de mariage daté 3 mai 1875. B, 1605 [pour les deux derniers vers seulement].

Epîtres

Quand le fond de l'absurde est atteint, jetons l'ancre.
Mets Veuillot à tremper dans sa bouteille à l'encre.
L'encre sera peut-être un peu plus noire après ;
Mais c'est tout. Planche après Nonotte, est-ce un progrès ?
5 Qu'importe qu'on ait l'oie ou l'âne pour oracle ?
Vous perfectionnez Jocrisse, beau miracle,
Vous obtenez Nisard.

        . . .

————

. . . .
Monte l'escalier bleu des illusions. Va !

————

. . .
Jésus fut attendri par Marthe et Madeleine,
Et c'est peut-être un dieu, mais ce n'est pas un saint.

4 |*Garasse*|s Planche|    *Garasse*|s Nonotte|I Fréron|
Après ce vers 4, barré : *Vous perfectionnez Jocrisse.*

————

146/217 (ms 13.401, f° 95). Fragment de bande d'envoi. Vers 1860.

Epîtres

————

. . . . .
. . . Il voyagea pour oublier sa peine,
Il franchit l'océan, vit l'Inde ; chose vaine ;
Passer la mer changeant le ciel, mais non le cœur.

        . . .
    (Coelum, non animum mutant
        qui trans mare currunt)

————

146/249 (ms 24.795, f° 3). Au v° d'une enveloppe bleu foncé. 1857-8 ?
B, 1604.

Préface
Epître
—————

A mes amis de France [1]

Frères, je vous salue. A vous bonheur et gloire.
J'ai donné de grands coups de hache dans l'histoire,
Dans l'homme, dans César, dans Jésus [2], dans Moloch
Et voici les éclats [3] qui sont tombés du bloc.
Eclats
tombés du bloc

(1) La copie de ce f°, faite par la BN, constitue le f° 4 du ms 24.795.
(2) |Jésus|s Caïn|
(3) |*morceaux*|s éclats|

———————

146/325 (ms 24.795, f° 2). Papier beige. 1855.

Préface          Epître
—————
possible

———————

146/353 (ms 24.795, f° 59). Au v° d'une enveloppe adressée à Hauteville-
House. Timbre postal : Bruxelles (date illisible). Vers 1860. B, 1583.

Epîtres
—————

. . . . . .
Le dimanche, démons de seize ans échappés,
Aspirant l'herbe en fleurs et les foins frais coupés,
Nous allions dans les champs, chacun menant en laisse
Quelque ingénue en train de devenir drôlesse,
5   Gais, chiffonnant la belle, et, gamins immoraux,
Imitant les baisers des mouches aux sureaux !
. . . . . .

2   |*Nous allions d*[*ans*]|s Aspirant [...] fleurs|

———————

147/3 (ms 24.762, f° 639). Papier bleu pâle, par endroits jauni, ressemble au papier de 24.795 f° 97. Vers 1870.

Epîtres

Cet Orgon fut don Juan. Déclin ! métamorphose !
Chute ! à l'air conquérant succède l'air benêt.

Que voulez-vous ? La vie est ainsi. Jeune, on est
Pilier de tabagie, et vieux, pilier d'église.
5  A la messe, ténor tardif, il vocalise.
Il bourdonne le psaume, il braille l'oremus.

Il ajoute au plain-chant des gloussements émus.
Tel est l'homme. En gagnant de l'âge, il perd la joie.
Aussi bête et plus laid. Le paon se change en oie.

1  |don Juan.|s Clitandre.|s Léandre.|
|*Hélas ! bientôt* [?]|s Déclin ! métamorphose !|
Après ce vers, barré :

*L'homme, gagnant de l'âge et perdant de la joie,*
*Aussi bête et plus laid. Le paon se change en oie.*
2  |conquérant|s libertin|

147/5 (ms 24.795, f° 50). Papier blanc. Vers 1858.

Epîtres

L'homme n'accorde pas de privilège à Dieu.
Ce que Dieu crée est nul ; ce qu'il ordonne est peu ;
On jette bas un chêne ainsi qu'une muraille ;
L'un siffle l'univers étoilé, l'autre y bâille,
5  Critique l'ours, le tigre, Alexandre, Attila,
Et dit : je n'aime point ce mélodrame-là.

1  |*point*|sc pas|
2  |ordonne|s fait père|

147/9 (ms 24.795, f° 25). Au v° d'un papier à lettres dont l'en-tête est illisible. Vers 1860 ?

Epîtres

Tout sur la terre, tout
Fait son devoir ; le blé pousse, le moulin moud.

147/10 (ms 24.795, f⁰ 110). Papier bleu. Date BN : 1870, mais l'écriture est de 1858-60.

Epîtres

———

. . .

Le laboureur ému, regardera
Les javelots rouillés mêlés [1] aux herbes vertes
Et les grands ossements dans les fosses ouvertes.
viendra
Contempler [2] ces grands os dans ces tombes [3] ouvertes.

(1) « mêlés » est en sc sur le début d'un autre mot.
(2) |Contempler|i Regarder|
(3) |tombes|i fosses|

———

147/11 (ms 24.795, f⁰ 81). Papier blanc. 1855-6.

Epîtres

———

. . . .

N'allez pas si vite, calmez-vous.
L'ours est encore errant sur les glaces du pôle
Et porte encor sa peau sur l'une et l'autre épaule.

———

147/20 (ms 24.774, f⁰ 159). Papier bleu pâle estampé : S. Barbet junʳ 25 High Street Guernsey. 1856-60. B, 1486.

Epîtres

———

. . . . . quoi ! tu doutes de l'âme !
Et c'est l'astre qui brille, et c'est l'aube qui point,
Et que verras-tu donc si tu ne la vois point ?
L'âme ! elle est dans le cri. L'âme ! elle est dans le verbe.
5   Elle sort de la foule ainsi qu'un lys de l'herbe ;
Elle empêche Caton pensif de se courber.
Quand Danton, formidable et noir, laissait tomber
Ce grondement du haut de la tribune austère.
— La Révolution, ô maîtres de la terre,
10  O despotes, c'est l'heure où le lion a faim. —
Quand Cicéron disait : — Jusques à quand enfin
Abuseras-tu donc de notre patience,
Catilina ? — Quand Job sentait sa conscience
S'indigner contre l'ombre, et s'écriait : — Assez !
15  Je souffre. Ayez pitié de moi, vous qui passez ! —
Tous ces hommes jetaient le sombre éclair de l'âme.
. . . . .

———

148/377 (ms 24.758, fᵒ 519). Au vᵒ, une affiche annonçant la représentation des *Misérables* au Théâtre Royal de Guernesey, les 6 et 7 avril 1868.

## Epîtres

. . . .
Quand Saint Augustin dit : « L'homme est un imbécile.
C'est pour cela qu'il est sauvé, je vous le dis,
Les idiots ayant de droit le paradis. »
Je n'en crois pas un mot ; c'est une politesse.

. . .
C'était la nuit, l'été, la mer, le ciel profond.
Nous étions sur la poupe à regarder les astres.
. . . .

J'aime mieux : *ciel profond* [1]

(Nox erat et anni aestas
liquidumque mare, coelumque
serenum. Sedebamus ergo
in puppim, et lucentia
sidera considerabamus.
Aulu-Gelle)

(1) Ces deux mots sont soulignés.

176/24 (ms 24.795, fᵒ 63). Au vᵒ, le timbre postal : Paris 18 novembre 1862.

## *Epîtres*

### *Les îles de la Manche*

. . . . . . Pour ces îles naïves,
Le proscrit d'à présent, c'est l'ancien émigré ;
On est dans ce pays noble bon gré mal gré ;
La courtoisie anglaise est fort gênée en somme
5  D'un vicomte qui veut n'être plus gentilhomme,
Et je suis, par la poste, orné du titre d'esq
Comme monsieur Ozanne ou Monsieur Dumaresq
. . . . . . .

1  Avant ce vers, le titre est souligné
3  Après ce vers, barré : *Le proscrit d'à pré*[ent]
5  |vicomte|s ci-devant|I aristo|
6  |Et je suis, [...] du|i Et votre serviteur subit le|

176/34 (ms 24.778, f° 173). Au v°, une lettre imprimée de Charras, au rédacteur en chef de la *Patrie,* Paris, datée de Zurich, 12 avril 1860.

Expulsion
Épître
———

. . . . . .
                                        récit succinct
C'est donc au mois d'octobre, en l'an cinquante-cinq,
Qu'après avoir chassé de Jersey Ribeyrolle,
Un certain Love, ainsi nommé, sur ma parole,
5   Du haut du fort Régent, couronné d'artilleurs,
A fulminé sur nous l'ordre d'aller ailleurs.
Le propre du proscrit, c'est d'être toujours jeune ;
Je me suis peu troublé de cette expioulcheune,
Et j'ai ri de ce coup de tonnerre en anglais.
        . . . .

7   |des proscrits|s du proscrit|

———

176/88 (ms 24.775, f° 382). Papier blanc ; vers 1860. B, 1578.

Lég. des S.—                                    Épîtres
                                                ———

. . . .                              fosses
                        les religions fausses,
Les Livres où le prêtre a mis ses passions,
Les rites, les index, les inquisitions,
5   Le dogme de Memphis et le dogme de Rome,
Croisent leurs noirs barreaux et se ferment sur l'homme.
Le génie est sous clef, l'idée est au cachot.
Hicétas, pas si loin ! Socrate, pas si haut !
Campanella veut fuir vers la sphère étoilée,
10   Il est saisi. Colomb, Giordano, Galilée,
Ont l'obstacle autour d'eux, debout dans tous les sens,
Et l'on entend le bruit de ces esprits puissants,
Meurtris sous les Talmuds, heurtant leur aile aux Bibles,
Pris et se débattant dans ces cages terribles.

6   |Croisent|s Mêlent|
7   |Le génie|s La science| |† |sc sous|
10   *Bruno*|Colomb,|s Cardan,|
11   |debout|s croisé|

256/23 (ms 24.795, fº 41). Papier blanc. 1858-60. B, 1584.

Epîtres
_____

. . . .
Ennius, vieux génie, inculte, dur, grossier,
Noir de sauvagerie et d'âpreté première,
Est tout éclaboussé d'aurore et de lumière,
Etant palefrenier des chevaux du soleil.
. . . . . .

---

256/26 (ms 24.795, fº 13). Au dos d'une enveloppe adressée à Hauteville-House. 1856-7. B, 1604.

Epîtres
_____

bord de la mer—immensité—solitude—
. . . .
Là je suis près de Dieu ; Dieu tombe sous mes sens ;
Là, je tâte le pouls à l'abîme, et je sens
Dans une profondeur que nul esprit ne sonde
La palpitation du cœur d'où sort le monde.

---

256/32 (ms 24.795, fº 14). Au vº d'une enveloppe adressée à Hauteville. Fin 1855-6.

Epîtres
_____

(Ils soupent)
. . .
Mais regardez-moi donc comme tout cela rit !
L'huître inspire [1] des mots, la nappe a de l'esprit ;
. . .

(1) |inspire|s jette|

---

256/54 (ms 24.758, fº 435). Fragment de papier bleu pâle ; 1856-8. B, 1605.

Epîtres                                            ou Spleen
_____                                            _____

O vérité, tu tiens dans ta main une lettre
Qu'à l'homme, de la part de Dieu, tu dois remettre
Mais [1] que l'homme n'a pas décachetée encor.

(1) |Mais|s Et|

256/92 (ms 24.795, f° 8). Au v° d'une enveloppe adressée à Hauteville-House. Vers 1854-55. B, 1588.

### Epîtres

․ ․ ․

Décidément je suis peu fou des tueurs d'hommes.

․ ․ ․

Pierre et Napoléon ; je les laisse admirer
L'un à son mamelouck et l'autre à son heyduque ;
Quant à lord Wellington, ce pauvre ǀIron duke

5    Je laisse s'en aller dans l'histoire à vau-l'eau
Avec l'homme d'Essling, l'homme de Waterloo.
Qu'ils s'arrangent entr'eux ou se gourment qu'importe !

․ ․ ․ ․

4  La première lettre du mot AIron est entre deux barres verticales.

---

256/101 (ms 24.795, f° 19). Papier blanc vergé. Autour de 1858. B, 1604.

․ ․ ․ ․ ․

L'oiseau niche, l'eau court, l'air souffle, l'astre luit.
L'aveugle envie un borgne et le muet un bègue ;
L'académicien encense son collègue
Puis, le membre loué, vante le corps savant,
5    Admire à gauche, à droite, en arrière, en avant
Le lettré, l'érudit, l'illustre, et distribue
A tous l'essoufflement de sa prose fourbue ;
                                        Utrecht
          Tout cela, c'est dans l'ordre, et correct,
10   Et je n'y trouve rien pour ma part à redire ;
                    Mais ․ ․ ․ ․ que

1  ǀsouffleǀs vibre,ǀ
4  ǀPuis le membre loué, vante le corps savantǀs Puis du /collègue/I confrère/ il passe à
   tout le corps savantǀ
6  ǀLe lettré, [...] l'illustre,ǀi Celui-ci, celui-là, cet autreǀ

---

256/107 (ms 24.795, f⁰ 101). Papier blanc. Date BN 1870.

### Epîtres

———

. . .
Aime les bêtes, soit.
. . . .
Sois
Canaple pour les chiens, Richelieu pour les chats.
Adore les chevaux comme Théophilacte.
Fais comme Menalcas avec ta chèvre un pacte.
. . . .
Vérifier. Virgile. *Novimus et qui te* [1]... etc...

(1) La citation est soulignée. Au-dessus des deux dernières lettres de « Menalcas », un signe qui renvoie à : « Vérifier, [etc...] »

———

Ms 13.401, f⁰ 127, sans cote. Papier crème vergé à larges raies. Vers 1862 ? B, 1605.

### Epîtres

———

. . . . . . . . . .
. . . . . . Tel était ce poëte qu'Horace
Nous [1] peint, et que Sgricci naguère a copié.
Il dictait trois cents vers, debout sur un seul pied,
Et dans ce torrent trouble on [2] eût pêché des perles.

. .

———

Tercentum dictabat versus stans pede in uno ;
Quum flueret lutulentus, erat quod tollere velles.

(1) Un T majuscule non barré figure au-dessus du début du deuxième vers, avant les points qui précèdent « Tel ».
(2) Hugo a écrit : ont

———

Ms 13.401, f⁰ 136, sans cote. Au v⁰, fragment de lettre à Hugo ; la partie droite manque ; en tête, à gauche, l'adresse : 4, rue des Barricades à Bruxelles, sans timbre postal. 1871.

### Epîtres

———

Ne parlons point des morts, ou n'en parlons que bien.

———

De mortuis aut bene, aut nihil.

———

Ms 13.401, f⁰ 146, sans cote. Papier bleu pâle. Vers 1860.

### Epîtres
————

. . . .
Salerne a dit : N'épuisez pas le somme.
Six heures de sommeil, c'est assez pour un homme.

(Sex homini dormire sat est [2])

(1) |*Sept*|sc Six|
(2) Ces mots sont soulignés.

————

Carnet 13.454 (1862), f⁰ 8. Tout ce qui suit est écrit au crayon.

| | Marat 1744 | Robespierre 1759 | Danton 1759 |
|---|---|---|---|
| | | ? [1] | |
| **Epîtres** | Damiens | | 26 8bre |
| ———— | 1757 [2] | | |

Or voici ce que dit à ce sujet Proudhon,
— Vous savez que Proudhon se prononce Prudhomme.

Je publierai un écrit intitulé : *la diplomatie fouillée* [3]

1  Le point d'interrogation est de Hugo
2  Ces noms et ces dates sont écrits en haut, à droite du f⁰, et entourés d'un trait.
3  Les mots en italiques sont soulignés. Cette ligne est d'une écriture plus petite, moins appuyée.

————

Carnet 13.454 (1862), f⁰ 16. Ce qui suit est écrit au crayon :

### Epîtres —
————

Guernesey —
        . . . et je suis orné du titre d'esq
Comme monsieur Ozanne ou monsieur Dumaresq [1].

La réclamation ne saurait être admise, on ne saurait plus invoquer la loi en sa faveur, le plaignant n'a plus de droit [2] ;
Il y a prescription. (Monsieur le correcteur, gare la faute d'impression possible. Prenez garde à cet *e*. N'allez pas me mettre là un *o* [3].)

Sa prétention est caduque, la justice ne peut que donner raison à son adversaire [4].

1  Après ce vers, un trait horizontal. L'écriture de ce qui suit est plus petite.
2  Cette phrase a été ajoutée dans l'interligne.
3  Les lettres en italiques sont soulignées.
4  Cette phrase est écrite en marge gauche, dans le sens de la hauteur.

————

Carnet 13.454 (1862), f° 37 v°.

**Epîtres**

. . . . .
Le prêtre est trop souvent pourvoyeur des combats.
Oh ! tous ces bons pasteurs ! le miel emplit leurs bouches,
Ils poussent leurs troupeaux aux batailles farouches.
Ils chantent Tedeum sur ce que les rois font !
L'apparence sourit, mais gare au double-fond !
Le berger et son chien, avec son air d'églogue,
Est un traître, et contient le boucher et son dogue ;
La guerre unit, pour mieux faire adorer son char,
La houlette de Pierre au glaive de César.

---

Carnet 13.458 (15 août au 20 septembre 1863), f° 9.
Trois écritures différentes :
[a] (y compris : Epîtres) à l'encre ; écriture appliquée.
[b] au crayon ; ces deux vers de même écriture.
[c] au crayon, d'une autre écriture : aiguë et penchée vers la gauche.

[a]                                        **Epîtres**

. . .
Un grand-duc, en teuton [1], gros-herzogre, régnait
Sur ce peuple, mené par un rude poignet.

---

[b] . . . . .
Je reçus de cet être une lettre assez farce
Qui commençait ainsi : Dieu vous baille une garce

---

[c]
Car le bruit des forêts ressemble au bruit des mers.

1  La virgule en sc sur deux points.

---

Ms 24.735, f° 106, sans cote. Papier bleu pâle. Vers 1857. B, 355.

Epîtres
————

. . . . . . . . . . . .

                                    « . . . . Dieu n'est pas.
Pour que je le croie, il faut que le fait se démontre.
Cartouche est évident, puisqu'il me prend ma montre ;
Molière fait cocu ne peut nier Cavoix,
5    La pièce de cent sous, je la tiens, je la vois,
Et le malheur de Dieu, c'est qu'il manque de preuves.
Buvons, mangeons, tâchons d'avoir des filles neuves,
Prêtons serment, rions, allons à l'opéra.
Quiconque a deux liards de bon sens trinquera
10   Avec Trimalcion plutôt qu'avec Socrate.
Ce pauvre vieux tonnerre est un canon qui rate.
Je vois des grenadiers au Louvre, sabre au poing ;
Donc l'empereur est tout. Le monde est son appoint.
L'empereur est prouvé ; Dieu n'est pas. Le sage
15   Préfère, sur la terre où l'homme est de passage,
César, Dieu véritable, à Dieu, César rêvé. »
C'était l'opinion du feu sénateur V.

    4  |Molière [...] Cavoix,|s Fallstaffe [sic] est évident, j'entends son chant grivois,|

————

Ms 24.735, f° 168, griffe du notaire, sans cote. Papier bleu pâle. 1860-63.
B, 368.

### Epîtres

La petite ville— la petite île.—
Les gens d'ici
Attends-toi, si tu viens, à sentir sur ta vie
Un noir fourmillement de propos, et la dent
Du commérage, au fond de tes secrets mordant.
Calomnier, cela distrait un jour de pluie.
5  Eplucher les passants, c'est bon quand on s'ennuie.
Ce qu'ils ne savent point, ils l'inventent ; ils font
Ce travail imbécile avec un art profond.
On ne te connaît pas, matière à bavardages.
Nom, pays, questions d'argent, questions d'âges,
10  Ils fouillent tout ; ils sont divisés en deux camps.
Ils ignorent l'histoire et savent les cancans.
Ils ne connaissent pas ce mot : le Deux-Décembre,
Mais savent l'épaisseur des rideaux de ta chambre.
. . . . . . . . . . . . . . . . . . . . .

1  Avant ce vers, la mention : « les gens d'ici » est écrite de biais en marge droite.
5  |bon|s doux|
11  |savent|s content|
11-13  Une première version de ces vers a été rédigée au v°, puis barrée ; Hugo l'a fait
suivre de ces mots d'une autre écriture : Voir derrière.

Les gens d'ici
...
Ils ignorent l'histoire et savent les cancans.
Ils ne connaissent pas ce mot : le Deux-Décembre,
Mais regardent Goton vider son pot de chambre.

Ms 24.735, f⁰ 210, sans cote. Au v⁰, l'adresse : « Au Très Illustre Homme Victor Hugo Jersey Engleterre [sic]. » Jersey a été rayé et remplacé par : Guernesey. Début de l'exil. B, 371.

### Epîtres

———

En présence de l'empire, en présence de la liberté disparue, du césarisme triomphant, du droit garotté, etc.

certes on fait la vraie guerre qu'il faut faire

. . . .

Bravo ! je rends justice aux braves de mon temps.
Oui, je les vois livrer bataille, haletants,
Aux rubans, aux chapeaux, et chacun d'eux prodigue
De grands coups aux corsets osant rompre leur digue,
5   Aux femmes de Paris, démons doux et câlins,
Qui jettent leurs bonnets par dessus les moulins ;
Ce sont là des vaillants, certes. Les don Quichottes
D'autrefois, lance au poing, l'éperon d'or aux bottes,
Combattaient les moulins, et moi je reconnais
10  Que ceux de maintenant combattent les bonnets.
Mon admiration va jusque là.

. . . . . .

1  Les quelques lignes précédant ce vers sont écrites de biais dans la partie supérieure du f⁰
|*Certes*|s Bravo !|
3  |Aux/*jupons*/sc rubans/|s Aux modes|,
4  |corsets|s jupons|
6  Après ce vers, changement d'écriture, semble-t-il.
7  |*C'est là, certes, un péril public*|s Ce sont là des vaillants, certes !|

———

Ms 24.735, f⁰ 214, sans cote. Papier blanc à raies bleues, estampé d'une couronne. 1858-9. B, 371.

### Epîtres

———

. . . . . .

Certes, je ne puis dire en l'époque où nous sommes :
— Je n'ai reçu ni bien, ni mal de tous ces hommes ;
Ils m'ignorent ; sur moi jamais il ne tomba
Rien de Vitellius, d'Othon ni de Galba. —
5   Non, je suis le proscrit de Louis Bonaparte.
Mais j'ai dans le cœur Rome et j'ai dans l'âme Sparte ;
Je pense aux lois, au droit, au peuple, et non à moi.

. . . .

5  |le|s un|

———

Ms 24.735, f° 219, sans cote. Papier bleu vergé. 1858-60. B, 372.

### Epîtres
———

. . . . . .
On me dit : — et l'on se croit taquin !
— Vous n'avez pas toujours été républicain. —
Non sans doute. Le vrai se fait jour et s'explique.
Enfant, on croit aux rois, vieux à la république.
5   Ce n'est pas du tout mettre un homme au pied du mur
Que de dire : on fut jeune ! il répond : on est mûr.

4   |vieux|s *homme*|

————————

Sans cote (24.735, f° 593). Papier blanc finement vergé. Vers 1870. Titre :

### Epîtres
———

————————

Ms 24.753, f° 184 ; griffe du notaire, sans cote. Au v°, timbre postal : 16 novembre 1857 [?].

Comédie
  ou
épîtres
———

———

   ... S'apitoyer sur autrui, grande affaire.
   La fraternité vraie est peu de notre sphère ;
   Dans ce monde où, depuis les temps diluviens,
   Tout vivant a sa part de peines, j'en conviens,
5  L'homme, passant bougon, regarde en sa sagesse
   Comme un don magnifique et comme une largesse
   Un attendrissement qu'il détourne de soi ;
   Même dans la pitié, l'égoïsme est la loi.
   Un tête à tête avec soi-même, c'est la vie.
10  Faut-il pas que pour Jean, Pierre ou Paul on dévie
   De la compassion qu'à soi-même on se doit ?
   On ne tremperait pas le bout du petit doigt
   Dans les afflictions d'un inconnu qui passe.
   On laisse saint Vincent de Paule au Val-de-Grâce,
15  Ou la sœur infirmière à l'hospice Cochin
   Dialoguer avec les douleurs du prochain.
   Chaque homme, qu'un voisin lamentable importune,
   Ne parle volontiers qu'à sa propre infortune,
   Et dit : j'ai bien assez de mon propre malheur !
20  Un homme à consoler fait l'effet d'un voleur.
   On se prodigue à soi les pleurs ; on est riche ;
   Mais s'il s'agit de plaindre un frère, on devient chiche
   De soupirs et d'hélas, et l'on n'a plus de voix.
   Moi je suis triste au fond de l'âme quand je vois
25  L'avarice qu'on a de pleurer sur les autres.
      ......

  2  la|compassion|sc fraternité|  [En md, en face de ce vers :] fraternité
  4  *douleurs*|sc peines|
  8  |est|s fait|
9-16  amg
 19  |de/mon propre/s souffrir mon/|i pardieu de mon|malheur
 20  |homme|s être|
 24  |Moi|s Et|

Ms 24.753, f⁰ 608, sans cote. Papier blanc. Autour de 1870. [a] et [b] sont d'écritures différentes.

[a]

Epîtres
———

comédie
———

Le tonnerre du ciel qui fait la grosse voix

———

Qu'est-ce que le progrès ? Un travail de fourmi.
Collaboration : c'est le mot de l'énigme

———

[b]                    Maglia
                         . . . je suis payen !

. . .
On est de deux façons dieu sur une montagne,
Cloué sur une croix ou monté sur un char,
En buvant du vinaigre, en buvant du nectar ;
Le Golgotha, c'est beau, mais j'aime mieux l'Olympe [1].
Je préfère Cypris nue à Marie en guimpe,
Et Cupidon gamin à Jehovah barbon

. . . . .
[f⁰ 608 v⁰]
           quelque âme ✝
               et les petits enfants
                    ✝  ✝
                 ✝ l'aïeul.
           [mots illisibles].

1  Ce vers en sc sur : Maglia ; les trois premiers vers constituent donc une addition.

———

Ms 24.753, f⁰ 1368, sans cote. Papier bleu vergé assez fort. Environ 1870. B, 1581.

comédie
———

épîtres
———

. . . . .
                    ô jeunesse, ô bon temps !
Tiens, disait l'un de nous, il fait un temps superbe.
On s'en allait à cinq ou six dîner sur l'herbe,
Les cœurs épanouis dans le bleu de l'été ;
L'un apportait le pain et l'autre la gaîté ;
On causait, on riait, quelque enfant espiègle
Me chatouillait avec une barbe de seigle,
Et je me retournais disant : vas-tu finir !

———

Ms 24.753, f° 1534, sans cote. Papier blanc. Environ 1875.

Comédie
———

épîtres [1]
———

Seriez-vous par hasard, monsieur, un imbécile ?
. . . . . . . . . . . . . . . . . . .
———

.. — Du beau style, ces prudhommes ! Fi donc !
———

Comment la métaphore
Pourrait-elle jamais coucher avec Dufaure ?

(1) En sc d'une écriture très appuyée sur un mot illisible.

———

Ms 24.753, f° 1611 [1], sans cote. Au v° d'une enveloppe adressée à Monsieur Victor Hugo esq. 1856-8.

Epîtres
———

comédie
———

A ma voisine

. . . .
Le matin je t'entends jaser comme un oiseau ;
Quelque voisine est là pendant que tu jabotes,
O Malvina, je sors du lit, je mets mes bottes,
. . . .

(1) Par suite d'une erreur de numérotation, il existe dans ce ms, 2 f°ˢ 1611, à 18 numéros d'intervalle.

———

Ms 24.753, f° 1624 ; griffe du notaire, sans cote. Au v°, de la main de Hugo, un début de lettre rayé de deux traits obliques, sans date : « Monsieur, Il y a en effet quelques modifications, deux ou trois assez graves, dont il serait [inachevé]. » Papier blanc. 1860-62 ?

Epîtres
———

ce nom de la Marsaille
Qui commence par Mars et rime avec bataille

Ms 24.753, fᵒ 1651, griffe du notaire sans cote. Papier blanc très finement vergé. 1868-72.

Epîtres [1]

. . . .

Ceci n'est [2] qu'un coup d'œil, mais je tâche qu'il plonge.

(1) En haut, à gauche, la suscription : *Leg. des S.* a été barrée.
(2) Au-dessus de « Ceci n'est » figure, d'une autre écriture : « Je n'y jette ».

———

Ms 24.753, fᵒ 1654, griffe du notaire sans cote. Papier réglé à colonnes. 1872-3.

Epîtres

Du temps où l'on portait des étoffes brochées

———

Ms 24.753, fᵒ 1715, griffe du notaire sans cote. Peut-être fragment d'une bande d'envoi. Vers 1860.

comédie [1]

. . . . . . .

Antrim<br>cold-cream<br>coudoies

Dans quelle basse-cour, dans quelle troupe d'oies,
Dans quel bouge, dans quel taudis, dans quel chenil,
O ciel ! dans quel roman de Ducray-Duminil,
A-t-on pu déterrer un Jocrisse aussi rare !
Taillez-moi ce Janot en marbre de Carrare !
Faites-en un colosse, un bronze, un monument !
Faites-lui moi toucher du front le firmament !
Je n'ai jamais rien vu de tel que cette brute.

. . . . . .

1   Au-dessus de cette rubrique, rayé :

*Comédies*
*épîtres*

———

Ms 24.753, fᵒ 1746, sans cote. Au vᵒ, le timbre postal : 13 février 1858.

Comédie
———

épîtres
———

. . . .

Je trouvais tout mal fait dans ma misanthropie [1],
Que l'homme était du singe une maigre [2] copie,
Que l'œuvre était manquée [3], et que Dieu nous donnait
L'univers incorrect et mal remis au net.

. . . . .

(1) Hugo a écrit : misantropie.
(2) |maigre|s pauvre|
(3) |l'œuvre était manquée|s l'aube était pleureuse|,

———————————

Ms 24.753, f° 1780, sans cote. Papier blanc. Vers 1873-75.

Epîtres
———

| Comédies | constate | marmaille | tisane | barde |
|---|---|---|---|---|
|  | prostate | sou ni maille | pertuisane | escobarde |

———

Je ne m'occupe pas beaucoup d'histoire ancienne ;
Le présent me suffit

———

Chantez la marseillaise ou bien la brabançonne.

———

....        nous brûlions
allions
et toute la forêt, colibris et lions

———

. . .      lord Madublin
Rabelais peut entrer dans un héros
Vadé [1] . . .
Diogènes épiques
Kléber, Cambronne étaient scandaleux volontiers ;
La bataille admirait ces cyniques altiers ;
Aucun mot n'est honteux quand les choses sont fières.

———

Qui donc à quelque chose ici-bas est fidèle ? — moi.

———

. . .
Pourquoi [2] tout cela s'est-il donc envolé ?

———

. . .
Es-tu mort ou vivant, éditeur Renduel ?
Quand Marion Delorme ouvrage sur le duel
Apparut
à la vitre
de ta boutique, au coin du quai des Augustins.
. . . .

———

Maglia [3]

. . . .
Mais les hommes qui font des vers comme Flaccus
Ou comme Plaute, et ceux qui peignent comme Apelle,
Croyez-vous qu'on les peut remuer à la pelle ?

---

(1) |*Diogène*|s Vadé| I *Vadé*|
(2) Pourquoi *donc* tout cela.
(3) Ce qui suit est en mg, écrit verticalement, de même écriture que le contexte.

———

Ms 24.753, f⁰ 2044, griffe du notaire sans cote. Au v⁰, pour seule adresse : Guernesey, le timbre postal est illisible. Début de l'exil.

Comédie
———

épîtres
———

. . . . . .

                                          son âme
Longtemps entre le diable et la femme oscilla
Comme un esquif jeté par Charybde à Scylla.

———

Ms 24.762, f⁰ 643, sans cote. Papier bleu vergé à larges raies. Fin de l'exil. En bas de ce f⁰, à l'encre rouge probablement de la main de Mme Daubray : « Ecrit après la visite d'un bagne. »

Epîtres                          Enseignement gratuit et obligatoire
———

. . . . . . . . . .

Etre les créateurs de la nouvelle loi,
Rêver l'immensité de la réforme humaine,
Se dire qu'on aura, comme Dieu, sa semaine,
Construire l'avenir profond, vaste, charmant,
5    Et ne point commencer par le commencement,
Par l'école, où grandit l'âme, débile encore,
Et ne pas accoupler l'enfance avec l'aurore,
Ne pas ouvrir d'abord le livre à tous les yeux
Forcés d'y regarder, afin d'atteindre au mieux,
10   Accepter l'ignorance avec un respect bête,
Souffrir que la nuit reste en une jeune tête,
Et voir le droit du père en cette exaction,
Ne point donner à tous pour rien, l'instruction,
Ne pas mettre partout de force la lumière,
15   Ne pas contraindre au vrai l'enfant, au bien le père,
Par la science auguste, aliment et conseil,
C'est en faisant un monde oublier le soleil.

5  ne|*pas*| sc point|
6  Par *le commencement* l'école [lapsus]
7  |accoupler|s marier|
9  |*Forcés* [?] | mg Forcés| d'y

Ms 24.772, f° 330, sans cote. Grand papier blanc vergé, filigrane : Sainte-Marie. 1869-75. B, 1337.

Epîtres
———

J'étais petit, avec le désir d'être grand ;
C'était dans l'ancien temps, où Paris, comme Rome
Qui fut reine du monde et l'esclave d'un homme,
Voyait tomber César, frappé par vingt bourreaux,
5   Et pleurait son tyran autant que son héros ;
Les Bourbons revenaient, famille paternelle,
Le Luxembourg, Pizzo, la plaine de Grenelle,
Avaient part à la fête, et Trestaillon régnait ;
On massacrait Ney, Brune et Mouton-Duvernet,
10   Et Murat, parodiste éblouissant d'Achille.

Je savais mal le grec, je voulus lire Eschyle ;
J'étais jeune, ignorant, vierge, bête, ingénu ;
Je pris chez le premier bouquiniste venu
15   Un Eschyle en français, car, pour être sincère
Une traduction m'était fort nécessaire... —
Savarin devant qui s'envole un mets friand,
L'ange à qui le démon vole une âme en riant,
Une fille qui laisse échapper une puce,
20   Colomb qui voit son monde escroqué par Vespuce,
N'ont pas plus de stupeur et de fureur que moi
Croyant trouver Eschyle et rencontrant Brumoy.

1-10  Ces vers sont écrits en marge gauche, mais un signe de renvoi et des numéros au crayon rouge indiquent quel doit être l'ordre définitif.
2  |comme|s tel que|
8-10  [variante s :]

             [...] et Trestaillon aussi ;
Et pour faire un peu dire au duc d'Enghien : merci !
On fusillait Murat, parodiste d'Achille.

Après ce vers, la mention, de la main de Hugo : (un blanc)
13  J'étais|jeune, ignorant,/vierge,/s innocent/bête,|i je vous l'ai dit, ignorant, bête,| ingénu ;
16  A la fin du vers, une virgule a été barrée et remplacée par des points de suspension et un tiret.
18  |prend|s vole|

Ms 24.773, f° 161, sans cote. Fragment de papier blanc vergé à larges raies ; filigrane partiel : Dewd Extra. 1863-70. B, 1670. L'écriture paraît un peu différente à partir du vers 13.

Epîtres                        à . . . . . . . .

   . . . .

    Ainsi donc, c'est fini, toi que j'ai connu libre,
    Un pire abaissement ne peut être rêvé,
    Te voilà répandant à flots sur le pavé,
    Pour les cœurs abrutis et pour les âmes basses,
5   L'éloge des puissants, de leurs dons, de leurs grâces,
    Et de leur trône, à Dieu lui-même rattaché !
    Ainsi, parmi le rire et le bruit du marché,
    Toi le penseur profond, grave et mélancolique,
    Te voilà puits banal et fontaine publique,
10  Livrant à qui le veut ton style profané ;
    Triste comme un lion de bronze condamné
    A verser de l'eau claire aux cruches des servantes !

    Et ne pouvant cacher ta honte, tu t'en vantes.
    Conspué, vil, couvert de fange, tu souris,
15  Et tu fais de l'orgueil avec tout ce mépris.

      . . . . . . . . . . .

13-15 Ces vers paraissent appartenir à une rédaction postérieure.
  14  |Conspué|s Pollué|
  15  A la suite de ce vers, après une barre verticale, une variante d'une autre écriture :
     Tu t'es fait un orgueil de ce vaste mépris.

---

Ms 24.774, f° 85, sans cote. Papier blanc très finement vergé qui ressemble à celui du f° 129, ms 24.795. 1868-9. B, 1475.

Epîtres

   . . .

    Vous n'êtes pas sensible à la prose, jeune homme.
    Il vous faut le vers, soit. L'art s'accommode en somme
    De la prose aussi bien que du vers, et Pascal
    Vaut Corneille. Pourtant le vers, pontifical,
5   Monte dans plus d'azur et sur un plus haut faîte,
    Et le penseur en prose, en vers, devient prophète.
    Donc préférons le vers. C'est un plus fier démon.
    Mais la prose, Tacite, Arouet, Saint-Simon,
    Est plus humaine étant moins divine, et, superbe,
10  Est la Parole, alors que la strophe est le Verbe.
    Aimons l'esprit humain complet, et l'art entier.
      . . . . . . . . . . . . . . . . . .

  2  le vers, *l'art, l'idéal* soit.

Ms 24.774, f⁰ 107, griffe du notaire, sans cote. Papier blanc vergé à larges raies. Vers 1867. B, 1478.

Epîtres

———

. . . . . .
Il s'agit d'une fête à célébrer. C'est bon
Comment s'y prendre afin d'avoir beaucoup de joie ?
On a de l'argent ; bien ; mais il faut qu'on l'emploie.
Vous avez une idée excellente : — parbleu,
5   Illuminons la ville ; ayons tout au milieu,
Un gros feu d'artifice avec des ifs superbes,
Des serpenteaux faisant de grands zig-zags, des gerbes.
Comme ce sera beau ! le ciel sera très noir. —
Vous ne songez qu'au feu que vous allez avoir ;
10  L'eau se fâche, et voilà qu'il pleut sur vos fusées ;
Vos lampions fumants empestent vos croisées ;
Vos gerbes sous l'averse ont l'air de lumignons.
C'est fort beau tout de même en dépit des grognons
Qui bougonnent : « J'ai froid. C'est manqué. Ça m'assomme. »
15  Une autre bonne idée est de donner la somme
Entière, avec l'espoir que Dieu dira merci,
Aux pauvres ; et notez cet avantage-ci,
C'est que le mauvais temps ne gâte point la fête.
. . . . . . . . . . . . . . . .

1   |*Amis*|s C'est bon|s Bravo| [Ces trois variantes sont entre deux barres verticales]
4   |*et vous dites :* —|s excellente : — |Ip elle est bonne|
5   ayons *au be* [*au*] tout
14  |bougonnent [...] froid.|s disent : je m'en vais|
17  A la fin du vers, deux points barrés ont été remplacés par une virgule.

Ms 24.774, f° 113, griffe du notaire, sans cote. Au v°, une lettre de l'*Illustration* datée 5 septembre 1866 ; Hugo y a porté cette mention : voir derrière. B, 1479.

Epîtres
───

. . . . . . . . . . . . . . . .

. . . .

Au point du jour souvent en sursaut, je me lève,
Eveillé par l'aurore, ou par la fin d'un rêve,
Ou par un doux oiseau qui chante, ou par le vent.
Et vite je me mets au travail, même avant
5  Les pauvres ouvriers qui près de moi demeurent.
La nuit s'en va. Parmi les étoiles qui meurent
Souvent ma rêverie errante fait un choix.
Je travaille debout regardant à la fois
Eclore en moi l'idée et là-haut l'aube naître.
10  Je pose l'écritoire au bord de la fenêtre
Que voile et qu'assombrit, comme un antre de loups,
Une ample vigne vierge accrochée à cent clous,
Et j'écris au milieu des branches entrouvertes,
Essuyant par instants ma plume aux feuilles vertes.

1  En haut, à droite, barré : † *tragique*
   |*Le matin, bien*|s Au point du jour| souvent,
8  |*J'écris debout, pensif,*|s| Je travaille/I Je médite/debout|

Ms 24.774, f° 164, griffe du notaire, sans cote. Papier blanc. Peut être des environs de 1870. B, 1487.

Epîtres
___

. . . . . . . . . .
Le pauvre, là-dessus l'accord est unanime,
Souvent vole le riche, eh bien, de son côté
Le riche peut voler le pauvre, en vérité.
Il ne s'en doute pas, tant l'âme est ignorante !
5  Ecoute et songe. Hier j'ai touché de ma rente
Une somme, et je tire un franc de mon gousset.
Le voici. Maintenant je demande à qui c'est.
Ce franc, certe, est à moi le riche, à moi le maître.
Il est à moi si peu, que si, par la fenêtre,
10  Je le jette à la mer, je le vole. A qui donc ?
Aux pauvres. Oui, quiconque, en notre enfer sans fond,
Plein de fièvres, de soifs, et de faims innombrables,
Perd ce qu'il peut donner, le prend aux misérables.
Qui souffre attend, et c'est un droit que le malheur.
15  Le prodigue est voleur et l'avare est voleur.
Car avoir c'est devoir ; car celui qui dissipe
Ou thésaurise, fait une plaie au principe ;
Car, ayant tout, il a commis, entends-tu bien,
L'affreux crime d'avoir volé ceux qui n'ont rien.

4  |tant l'âme est|s triste engeance|
13  |le prend|s l'escroque|
14  |*Tout est à tous*|s Qui souffre attend|, [la première version se trouvait entre deux barres verticales ; en face de ce vers, en marge droite, un point d'interrogation a été barré.]

___

Ms 24.774, f° 165, sans cote. Au v°, un timbre postal : Genève, 8 juillet 1868. B, 1487.

Epîtres
___

. . . . . . . . . . . . . . . . . .
Je n'ai pas de besoins. Pour m'épanouir l'âme,
Entendre un enfant rire est assez. Je n'ai point
D'horreur pour un vieux feutre ou pour un vieux pourpoint,
Je vivrais d'un morceau de pain et de fromage.
5  Si j'avais un palais, moi, ce serait dommage.
Qu'on me donne un grenier, j'y serai comme un roi.
Il me suffit de voir la joie autour de moi ;
Et quand je sais autrui content, je m'en contente.
. . . . . . . . .

___

Ms 24.774, f° 183, sans cote. Au v°, un timbre postal : 11 mai 1868. B, 1605

Epîtres

. . . . . .

avoir [1]

Une fleur en prison chez soi, quelle folie !
Le pot est bien plus laid que la fleur n'est jolie.

(1) |avoir|s tenir| [Ces deux mots paraissent être d'une autre écriture que celle des vers
suivants.]

---

Ms 24.781, f° 189, sans cote. Figure au v° d'une carte des environs de Chaumont (Hte-Marne) ; ces vers intitulés *Epîtres* constituent le dernier des trois fragments, tous de même écriture, qui figurent sur le f° 189. Cette écriture paraît tardive : après 1872, semble-t-il.

Epîtres

Horace a dit : ....
Sur un cou de cheval mettre une tête d'homme.
Telle est la volonté d'un brave barbouilleur ;
Puis il [1] coiffe le tout de plumes de couleur,
Et dit : Voyez ! — Amis, vous retenez vos rires.
      (*Humano capiti* etc.. [2])

(1) |Puis il|s Il vous|
(2) Ce début de citation est souligné.

---

Sans cote (24.786, f° 86), au v° d'une adresse portant le timbre postal : 7 juillet 1860.

Epîtres

. . .

Hommes de l'avenir, la chose vous regarde.
C'est de vous qu'il s'agit.
(Posteri, posteri, vestra res agitur)

---

Ms 24.788, f° 159, sans cote. Papier blanc vergé. Vraisemblablement 1858.
B, 1574.

Epîtres
———

. . . .
Dieu de fraternité, d'égalité, de joie,
D'amour, de liberté, Christ ! gloire à toi ! tu vins
Réaliser les temps fabuleux et divins
Et tous les rêves d'or où resplendit Astrée.
5  Gloire à toi, nouveau-né de l'étable sacrée,
Ton apparition est pareille au matin.
Gloire ! dans notre cœur et dans notre destin
Ta venue, ô Jésus, diminua l'abîme.
L'instant où tu naquis fut un recul sublime
10  Du crime, de la nuit, du mal, de la douleur ;
L'homme étonné sentit qu'il devenait meilleur ;
Un moment, sur la terre apaisée et bénie,
On ne sait quelle tendre et sereine harmonie
Remplaça la rumeur du genre humain criant ;
15  La tombe eut dans la nuit des blancheurs d'orient ;
L'étoile qui, depuis que l'homme agit et pense,
Tâche de se mirer dans notre conscience,
Pour la première fois s'y vit distinctement.
. . . . . . . . . . . . . . .

———

Ms 24.793, f° 129, sans cote. Au v°, un timbre postal de 1867.

Epîtres
———

. . . . . . . J'entrouvrirai
La tombe, et j'en ferai luire la sombre flamme ;
Je mettrai dans mon vers plus que le monde, l'âme,
Plus que l'azur, la nuit, plus que la mer, le port,
5  Plus que la vie enfin, car j'y mettrai la mort.

4  |la nuit|s le ciel|,

———

Ms 24.795, f° 1, sans cote. [Chemise]. Papier d'emballage beige. Vraisemblablement 1854-56.

Epîtres
———

Ms 24.795, f° 7, sans cote. Papier blanc jauni. 1856-60.

Epîtres [1]

___

. . . . . . . . . . . et l'océan, ce grand calmant amer.

(1) L's semble avoir été ajouté.

___

Ms 24.795, f° 9, sans cote. Fragment d'une feuille de bandes d'envoi de *La Presse* portant la date : février 1858.

Comédie
   ou
Epîtres                    Le môme

. . . .
Nous aimons mieux avoir sous nos pieds un tapis
Que le plus merveilleux pavé de mosaïque ;
Nous ne serions pas fous dans ce temps prosaïque
De souper chez Homère avec le roi Nestor,
5  Quand même nous aurions dans la coupe aux clous d'or
Le miel pur qui nous semble à présent un remède,
Quand même, Hébé des dieux terrestres, Hécamède
Nous offrirait avec un sourire divin
Du fromage de chèvre écrasé dans du vin.
                    dans du vin de Prammée [1]

(1) Lapsus, sans doute, pour : Pramnée.

___

Ms 24.795, f° 11, sans cote. Papier blanc vergé. 1854-5.

Epîtres

___

                    Je l'ai dit quelque part,
Dieu « l'avare qui fait semblant d'être prodigue »
Qui lâche son torrent, mais qui construit sa digue.
. . . . .

___

Ms 24.795, f° 17, griffe du notaire, sans cote. Papier blanc vergé à larges raies. 1868-9. B, 1604.

## Epître à Charles

O mon Charles, est-il rien au monde de plus bête
Qu'un papa contemplant son fils ! je sais cela [1].

(1) « Je sais cela » est entre deux barres verticales. Le ms porte : « sais » bien que « suis » soit meilleur pour le sens.

---

Ms 24.795, f° 18, sans cote. Bande d'envoi ; même papier que le f° 1 (ms 24.795). 1856-1860 ?

## Epîtres

---

Ms 24.795, f° 21, sans cote. Au v°, un timbre postal : 2 juillet, ne fait pas mention de l'année. 1858 [?]

### Epîtres

. . . .

L'Ichtyosaure [1], armé de cent quatre vingts dents,
Avec deux yeux plus gros que la tête d'un homme,

. . . . .

### Ichtyosaure

(1) Hugo avait d'abord écrit : Ychtiosaure.

---

Ms 24.795, f° 22, sans cote. Au v° d'une enveloppe adressée à Guernesey. 1856-58.

### Epîtres

### Comédie

. . . . .

Car tous les êtres sont des actions de grâces ;
La vache heureuse beugle un hymne aux plaines grasses ;
Les arbres font aux chants de gracieux saluts ;
Un fleuve est un discours, les sources sont des luths ;
La mer va haranguant les cieux, l'oiseau pérore
Par-dessus le rebord du nid, la fraîche aurore [1] ;

. . . .

Sur son silence un bruit formidable et profond [2]

(1) |Par-dessus [...] aurore ;|s Du fond des bois sacrés la souriante aurore ;|
(2) Ce vers est écrit au crayon, en marge gauche, verticalement.

---

Ms 24.795, f° 26, griffe du notaire, sans cote. Au v°, l'adresse : à Guernsey 1856-7. B, 1604.

Epîtres
———

. . . .

Il est certains états, point rares sur la terre,
Où la langue est donnée à l'homme pour se taire ;
Aie une opinion à ton gré sur le roi,
La loi, les grands, c'est bien ; mais garde-la pour toi.
5  Vas-tu dans ces pays, dès que ton pied y touche,
Un gendarme te met un scellé sur la bouche ;
Etre un libre penseur, cela fait l'homme grand ;
C'est un droit qu'à la porte on cachète en entrant.

6   |un scellé|s les scellés|

———

Ms 24.795, f° 31, griffe du notaire, sans cote. Papier blanc. 1858-60.

Epîtres
———

Je vais au hasard dans un sentier de campagne
. . .
            et là-bas, pour m'indiquer le point
Du chemin que ma route en serpentant rejoint
Au-dessus des buissons où mon regard le cherche,
Un bon vieux coq de bois tourne au bout d'une perche.

        . . .

———

Ms 24.795, f° 37, sans cote. Papier bleu. Vers 1858. B, 1605.

Epîtres
———

. . . .                                (émotion de l'orateur [1])

Tout orateur frémit de sa propre parole ;
Cicéron ne montait aux rostres qu'en tremblant.

(1) Ces mots ont été ajoutés.

———

Ms 24.795, f⁰ 42, sans cote. Fragment d'enveloppe. Vraisemblablement 1859.

Epîtres
——

(17ᵉ siècle)

. . . . .
La boutique à Barbin, c'est ainsi qu'il [1] s'appelle,
S'ouvre au second perron de la Sainte Chapelle ;
On y vend [2] Despréaux, Racine et Varillas.

(1) qu'|il s'|s on l'|appelle
(2) Hugo avait écrit : vent.

———

Ms 24.795, f⁰ 44, sans cote. Papier blanc vergé. Vers 1858-60.

Epîtres
——

. . . .
Quelle idée as-tu donc qu'il faut qu'on ait deux poids,
Et qu'on soit mieux pour toi que tu n'es pour les autres ?
. . . .

———

Ms 24.795, f⁰ 46, sans cote. Papier blanc vergé estampé : une fleur dans un cercle. Vers 1860-65.

Epîtres
——

. . .
Le Pégase poussif, par Despréaux bâté.
Voltaire si facile à la divinité
De Racine, aujourd'hui décoiffée [1] et pâlie,
Négateur du Calvaire et cagot d'Athalie
. . . .

(1) |décoiffée et|s légèrement|

———

Ms 24.795, f⁰ 47, sans cote. Fragment d'une bande d'envoi. Vers 1860.

Epîtres
——

Hommes
——

. . . .
Lamennais [1], Béranger intimes sur le tard.
Orgueil et vanité faisant ménage ensemble.
. . .

(1) Ici, *et* entre deux barres verticales a été barré.

———

Ms 24.795, f° 51, sans cote. Au v° d'une enveloppe adressée à Guernsey.
Vers 1858.

Epîtres

— Doute. —
. . . . . . . . . . . . . . .

L'aile immense est à l'aigle et l'œil perçant au lynx.
L'homme a pour vis-à-vis formidable le sphynx.

. . . .

Nous voyons tant de nuit que nous devenons blêmes.
Tirez-vous, mes amis, de ce tas de problèmes,
5   L'équilibre, l'abîme, et l'astre, et le ciel bleu.
Moi pour solution, je vous propose Dieu.
P. J. Proudhon me dit que je suis une bête.

Soit. Et lui, qu'est-il donc ? Un esprit ?
          — Lui tout seul ? — (mais il affirme qu'il n'y a pas d'esprit)

7   |*Monsieur*|s P.J.|

Ms 24.795, f° 53, sans cote. Au v°, une lettre à Charles Hugo, datée :
30 octobre — 1858-9. B, 1567.

Epîtres

Je me souviens d'avoir connu dans ma jeunesse
Un poète appelé Celsus. Cet animal
Se tenait de travers et s'habillait fort mal ;
Son pantalon allait sans bretelle à ses hanches ;
5   Il avait le front haut, l'œil profond, les dents blanches,
La main petite, un air d'audace et de raison,
Et les femmes disaient : — C'est un joli garçon.
Quel dommage qu'il ait un foulard pour cravate ! —
Arthénice en pantoufle ou Goton en savate,
10   Les belles accordant ou vendant leur faveur,
Ne faisaient point tourner la tête à ce rêveur,
Occupé qu'il était aux clins d'yeux des étoiles.
(Cela changea plus tard ; mais respectons les voiles
Dont le chapitre Deux du roman est couvert.)
15   Donc. . . . . . . . . . . .

10   |accordant|s prodiguant|

Ms 24.795, f⁰ 54, sans cote. Au v⁰, un faire-part de mariage daté : 16 avril 1860.

## Epîtres

---

Ms 24.795, f⁰ 56, sans cote. Au v⁰, un timbre postal illisible : Probablement, juin 1860 [?].

### Epîtres

---

. . . .

    Et ce sont là vos dires,
Vos sauvages [1] récits, vos contes, vos fagots,
O Visigots, bigots, ostrogots et cagots !

(1) |sauvages|s stupides|

---

Ms 24.795, f⁰ 57, sans cote. Au v⁰, le timbre postal : 1860.

### Epîtres

---

. . .

L'Inde donne le riz, le Pont donne les noix ;
La prune est syrienne et le raifort chinois ;
Le choufleur vient de Chypre et le cresson de Crète ;
                     secrète

. . .

---

Ms 24.795, f⁰ 60, sans cote. Au v⁰ d'une enveloppe adressée à Guernesey. Vers 1860.

### Epîtres

---

L'honnête homme est celui qui, ferme dans son cœur,
Ne laisse point ployer son âme aux destinées
Et sent l'horreur du mal dans ses haines innées.

---

Ms 24.795, fᵒ 61, sans cote. Au vᵒ, le timbre postal : janvier 1861.

Epîtres

— — —

.... Va sois prude [1]
Mets des feuilles de vigne aux faunes, embéguine
Les amours que Watteau dessine à la sanguine.
Colle une guimpe aux seins des nymphes de Coustou ;
Fais de l'art un eunuque et du tigre un matou.
....

(1) « Va sois prude » semble avoir été ajouté.

— — — — — — —

Ms 24.795, fᵒ 72, sans cote. Mince languette de papier de deuil ; vraisemblablement fragment de lettre ; pas d'adresse ni de timbre postal. Vers 1863.

Epîtres

— — —

....
Le vieux rire railleur du diable antique inspire
Priape dans Horace et Bottom dans Shakspeare

— — — — — — —

Ms 24.795, fᵒ 73, sans cote. Au vᵒ d'une page imprimée où figure la date du
3 mars 1863.

Epîtres

— — —

....
Eschyle, Oreste fuit devant les euménides,
Tu ne le laisses pas reposer un moment ;
Et c'est par le remords, le deuil, l'accablement,
La foudre, l'ouragan, l'éclair que tu varies
5 Cette poursuite étrange et sombre des furies.

2  |reposer|s *respirer*|
3  |*le drame* [?]||s le remords|
4  |La foudre|s L'orage|

— — — — — — —

Ms 24.795, f° 74, sans cote. Au v°, une lettre en anglais, venue de Buffalo, New York, demandant un autographe à Hugo, datée 26 février 1863 et adressée à « M. Victor Hugo Bruxelles Belgique ».

Epîtres

. . . .

César, qui prend à Dieu la moitié de la sphère,
Peut faire sénateur un sophisme sans faire
Que ce sophisme soit un bon raisonnement.
Le plumet change peu la tête, assurément.
Un cheval fait consul n'est toujours qu'une bête.

. . . .

Ms 24.795, f° 76, sans cote. Papier à lettres blanc. 1863-4. B, 1604.

Epîtres

. . . . .

Vieillir est la science héroïque du juste.
Mon père en cheveux blancs, c'est mon tour aujourd'hui,
Déclinait doucement sans en avoir d'ennui.
Il s'asseyait le soir sur le banc de sa porte,
5  Regardait venir l'ombre et murmurait : qu'importe.

Ms 24.795, f° 79, sans cote. Papier blanc. Vraisemblablement 1863-4.

Epîtres [1]

. . .

Or la bêtise étant une pente facile,
Et rien n'étant plus près d'un sot qu'un imbécile,

. . . .

(1) Epîtres est en sc sur : *Comédie.*

Ms 24.795, f° 80, sans cote. Au v°, un timbre postal de 1864.

Epîtres

. . . .

Une nuit que j'errais, j'avisai dans la rue,
Rôdant près d'une borne, un sage du ruisseau,
Chiffonnier influent du faubourg Saint-Marceau ;
Je lui dis :

. . .

Ms 24.795, f⁰ 82, sans cote. Fragment d'un papier qui paraît être une bande d'envoi. 1864-5.

Epîtres
———

. . .
La mort, pour Rabelais ainsi que pour Montaigne,
Etait un sphinx dans l'ombre, et Grotius Hugo
Au prêtre, en expirant, dit : *Non intelligo* [1].
. . . . .

(1) Les deux mots latins sont soulignés.

———

Ms 24.795, f⁰ 85, sans cote. Chemise de papier bleu pâle. 1868-70.

Epîtres

———

Ms 24.795, f⁰ 87, griffe du notaire, sans cote. Au v⁰, le timbre postal : 20 octobre [?] 1866.

Epîtres
———

Certains raffinements viennent d'infirmité.

———

Ms 24.795, f⁰ 88, griffe du notaire, sans cote. Au v⁰, le timbre postal : Gand, 22 juin 1866.

Epîtres
———

Certain jésuite, auteur d'une histoire d'Espagne,
Conte ceci :
. . . . . . . . . . . . . . . . . .

———

Ms 24.795, f⁰ 89, griffe du notaire, sans cote. Au v⁰, l'adresse : Monsieur Victor Hugo, Saint-Pierre Port, Guernesey, sans timbre postal. Vers 1862.

Epîtres
———

. . .
Et Socrate, accoucheur et ciseleur de l'âme,
Est fils d'un lapidaire et d'une sage-femme.

———

# EPITRES

85

Ms 24.795, fº 91, sans cote. Papier blanc très finement vergé. Vers 1865-6.

Epîtres

Mes ennemis.
Leur rendre coup pour coup ? Les insulter [1] ? Fi donc !
. . .
Je dédaigne ces gens, et je m'amoindrirais
En leur faisant l'honneur de penser qu'ils existent.

(1) |insulter|s combattre|?

Ms 24.795, fº 92, griffe du notaire, sans cote. Au vº, le timbre postal :
23 janvier 1867. B, 1605.

Epîtres

. . .
    Répète-moi le mal qu'on dit de moi,
L'allusion, le fait, l'histoire, l'anecdote,
Et ce qui se murmure, et ce qui se radote,
Et ce qu'affirment ceux qui me peignent en noir ;
5 Je désire l'entendre, ami, voulant savoir,
En ce monde qui ment, espionne et renie,
Jusqu'où peut, d'une part, aller la calomnie,
Et jusqu'où peut, de l'autre, aller la vérité.
. . . .

Ms 24.795, fº 94, griffe du notaire, sans cote. Au vº, le texte anglais imprimé
de la déclaration de Hugo à l'Espagne, novembre 1868.

Epîtres

. . . .
Sur cette terre, ancien gouvernement des dieux.

Ms 24.795, fº 95, sans cote. Au vº, le timbre postal : Venezia 8 mars 1868.
B, 1605.

Epîtres

. . .
Je n'ai qu'un seul besoin, sur notre pauvre terre,
C'est de sentir les gens [1] heureux autour de moi.
. . . .

(1) |les gens|s qu'on est|

Ms 24.795, f° 96, sans cote. Chemise de papier crème ; date incertaine.

Epîtres

---

Ms 24.795, f° 97, griffe du notaire, sans cote. Papier bleu pâle, estampé : BATH. Vers 1870 ? B, 1605.

Epîtres

. . .
Ces prudes, décochant encor quelques œillades,
Leur psautier sous le bras, dandinent leur ennui ;
Elles jasent, de vous, de moi, d'elle, de lui ;
Elles disent du mal du prochain, de Bélise,
5   D'Annette, et dans la rue, en sortant de l'église,
Leur croupe se recourbe en replis vertueux.
. . . .

5 *Dans la rue, en sortant* [ces mots ont été énergiquement barrés] D'Annette,

---

Ms 24.795, f° 99, sans cote. Papier blanc vergé à larges raies. Date BN 1870 ; mais l'écriture semble être de 1858 environ.

Epîtres

. . . .
Vous serez mangé cuit par les Topinamboures,
Vous serez mangé cru, malgré tous vos pourquois,
Par les Ogibbewas et par les Iroquois,
Les Thugs vous serreront la glotte, d'autres sectes
5   Vous jetteront vivant dans la fosse aux insectes,
Ou vous feront bouillir dans un chaudron pour ça ;
Un dieu magot, servi par un prêtre poussah,
Verra sur un bon feu, dans deux ou trois terrines,
Mijoter votre chair fumant sous ses narines ;
. . . . .

1 Hugo n'a mis aucune majuscule à tous ces noms de peuples.

---

Ms 24.795, f° 100, griffe du notaire sans cote. Papier blanc vergé. Peut être des environs de 1870. B, 1605.

Epîtres
. . . . .
Si vous voulez conclure, il faut d'abord savoir.
Ainsi que l'épi d'or jaillit du sillon noir,
Le vrai hors de l'erreur se dresse, et le principe
Sort de l'ombre où le rêve expire et se dissipe,
5   Et du tas des abus, morts ou prêts à finir ;
C'est du passé qu'il faut extraire l'avenir ;
L'éclosion du germe en ce fumier commence,
Et sur l'histoire, engrais, la logique est semence.

3  Le vrai *surgit* hors de
4  le|rêve /expire /i avorte /et|s trône en cendre|

---

Ms 24.795, f° 104, sans cote. Petite chemise de papier blanc. Date BN 1870-80. L'écriture paraît être cependant des environs de 1860.

Epîtres

---

Ms 24.795, f° 105, sans cote. Papier blanc. Vers 1856 ?

[r°]
Epîtres
———

. . . . .
Il est mort, ce n'est rien, mais enterré, c'est grave.

---

[v°] [1]
Et [?] me tapisserait la membrane muqueuse

(1) Ce qui suit est écrit au crayon d'un trait cursif. La fin de la première ligne est illisible, de même que la seconde qui constitue vraisemblablement un vers.

---

Ms 24.795, f° 106, griffe du notaire sans cote. Papier bleu. Vers 1865 ?

Epîtres

Guernesey
A l'horizon
Le clocher,
Pignon à jour, orné de deux cloches à roues

---

Ms 24.795, f° 107, griffe du notaire, sans cote. Papier bleu. Vers 1865 ?

Epîtres
———

... Tenant boutique [1]
De [2] dieux d'Egypte, à l'air stupide et fanatique.

. . . .

(1) Ces mots entre deux barres verticales.
(2) |De|s Ces|

———

Ms 24.795, f° 109, sans cote. Papier à raies bleues verticales, 1870.

Epîtres
———

Savants
... Que Cuvier ait, sous terre
Pris [1] le ptérodactyle [2] et le paléonthère,
Qu'Agassiz ait créé l'hémirynque après Dieu,
Que...

(1) Hugo avait d'abord écrit :
Que Cuvier
*Ait en flagrant délit* [barré]
(2) |pris|s vu |le ptérodactyle [ce dernier mot est écrit en sc probablement sur le même]

———

Ms 24.795, f° 111, sans cote. Papier blanc. Fin de l'exil. B, 1587. Deux écritures : [a] écriture cursive [b] écriture aigüe, lettres serrées.

[a]
Epîtres [1]
———

† ...
Injustice [2]
Je passe pour brutal, je suis doux ; on me nomme
Avare, et je ne suis même pas économe

———

[b]
. . .
Quand la patrie en deuil tremble et pleure, soulage,
O Dieu, la conscience humaine par Pélage,
Par Caton, par Tyrtée et par Léonidas.

(1) Une première rubrique : Epîtres, écrite sans doute en sc, a été barrée ; le titre définitif figure en dessous.
(2) Au-dessus, des mots rayés.

———

Ms 24.795, f° 112, griffe du notaire, sans cote. Papier blanc. Date BN 1870. Date incertaine de l'exil.

Epîtres

————

. . . .
Le procès d'Aujourd'hui toujours fait par Hier.

————

Qu'est-ce que l'Athéisme ? Un protêt.

————

Ms 24.795, f° 116, sans cote. Papier blanc. Semble des dernières années de l'exil.

Epîtres

————

. . .
La mort, libérateur souriant, nous transfère
D'astre en astre, de ciel en ciel, de sphère en sphère,
Et son trousseau de clefs nous ouvre tour à tour
Le haut, le bas, l'obscur, le bleu, la nuit, le jour,
5　Une porte, puis l'autre, et chaque fois nous sommes
De plus en plus des dieux tout en restant des hommes.
. . . .

————

Ms 24.795, f° 117, sans cote. Au v°, un faire-part de mariage daté : 22 janvier 1874.

Epîtres

————

Ms 24.795, f° 121, sans cote. Papier blanc vergé. 1870 ? B, 1605.

Epîtres

————

. . .
Si je hais quelque chose, au monde, en vérité [1],
C'est le : « Je vous l'avais bien dit » des imbéciles.
Donc ne triomphons pas [2].

(1) |en vérité,|sp Mes amis|
(2) Cette ligne, ajoutée postérieurement, est entre deux barres verticales.

————

Ms 24.795, f⁰ 122, sans cote. Au v⁰, l'adresse : Monsieur Victor Hugo, 66 rue de la Rochefoucault. Du 25 septembre 1871 au début d'août 1872.

Epîtres
———

. . .

Un sourcil bien arqué,
Quand [1] le vicomte Hersart de la Villemarqué
Raconte bien ou mal les légendes bretonnes [2],

. . .

(1) |Quand|s Que|
(2) Au v⁰, au crayon, de l'écriture de Hugo :

la vente en détail
des pièces et
du théâtre

———

Aucun compte n'a
été rendu depuis
dix ans

———

les traités sont expirés
depuis le 15 7 bre
1868

———

Ms 24.795, f⁰ 123, sans cote. Papier crème vergé à larges raies. Vers 1870.

Epîtres

———

Ms 24.795, f⁰ 124, sans cote. Papier vergé bleu. Fin de l'exil.

Epîtres
———

. . . . . Vie toute de bonnes actions

avec les quelques faiblesses
qui font partie de l'homme —

. . . . . .

. . .
Et c'est ainsi qu'allait du côté de l'infini [1]
. . . . . . . . . . . . . .
Cet homme, descendant au tombeau pas à pas [2],
Vieillard tourné vers Dieu, < et > n'ayant qu'une envie,
Obtenir le pardon des fautes de sa vie.

(1) Sic, pour cette ligne qui n'est pas un vers.
(2) Depuis : « au tombeau » jusqu'à la fin, autre écriture.

———

Ms 24.795, f° 125, sans cote. Papier blanc vergé. Après 1870.

[r°]
Epîtres

. . . . .

O peuple, et sur tes torts, tes ordures [1], tes vices [2],
Et tes malpropretés, l'homme que tu subis
Remplace la baguette à battre les habits.

———————

[v°]
                            8 8bre
Hélas oui, c'est vrai, je suis [3]

(1) |ordures|s souillures|,
(2) |vices|s taches|
(3) Inachevé.

———————————————

Ms 24.795, f° 127, sans cote. Papier blanc vergé, estampé : Fine Satin dans un écusson. Date BN 1872.

                                                  Epîtres

. . .

Vois ces rudes soudards
Et tous ces gens de guerre, Henri quatre, mêlant
Au canon de Coutras sa gaîté béarnaise,
Montluc, don Juan d'Autriche, Alexandre Farnèse,
5   Charles-Douze, Gustave-Adolphe,
           . . . . . .

1   |soudards|s soldats|
3   « Au » est peut-être en sc sur « Aux »

———————————————

Ms 24.795, f° 128, griffe du notaire sans cote. Papier blanc. Vers 1872.

                                                    Epîtres

Le sept ventôse an Dix, naquit à Besançon
Un enfant, qui fut moi.

———————————————

Ms 24.795, f° 129, sans cote. Papier blanc très finement vergé. 1868-9 semble-t-il. Au v° un profil très sommaire à la plume.

Peine de mort...      Epîtres

. . .
Avec leur turpitude et leur fureur concorde
Leur vieux code féroce, usé jusqu'à la corde

---

Ms 24.795, f° 130, sans cote. Au v°, le timbre postal : 3 mars 1868.

Epîtres

. . . .
Mort, n'es-tu pas la vie ? Oh ! sur l'homme humble et nu
Quel amoncellement livide d'inconnu !
Problèmes ! questions ! ombres de toutes sortes !
Que je voudrais entrer ! Dieu sombre, où sont vos portes.

---

Ms 24.795, f° 131, sans cote. Au v°, l'adresse : Hauteville-House ; le timbre a été arraché, faisant ainsi disparaître la date. Date BN 1872.

Epîtres

Satan,

... Le diable alors mit son tartan,
Prit le visage mûr d'une mère d'actrice,
Et descendit sur terre.

---

Ms 24.795, f° 132, sans cote. Papier crème. Vers 1870.

Epîtres

. . .
Hélas, on veut charmer ses yeux, on perd son âme.
On court [1] à la lumière et l'on trouve la flamme.

(1) |court|s vole|

---

Ms 24.795, f° 133, sans cote. Au v°, une lettre en anglais datée : 25 septembre 1872. [demande d'autographe].

Epîtres [1]

_____

. . . . .

Distinguons. Car c'est là le fond de la logique.
Quand Rose entre en riant chez moi, le nacarat
De sa joie est distinct du rouge de Marat.

(1) Epîtres est en sc sur Comédie.

_____

Ms 24.795, f° 136, sans cote. Papier bleu pâle, mince ; cf. f°ˢ 114, 118 à 120, 134. A partir de 1871.

Epîtres

_____

. . .

La justice aujourd'hui
Rend des arrêts et cherche à rendre des services.

_____

J'ai l'étrange pouvoir [1] sitôt que je prononce
A la tribune un mot, de faire fuir le nonce,

(Bordeaux — mon discours contre la paix)

Et de mettre en déroute en masse les muphtis.
. . .

_____

Ciel !
Que j'aimasse Veuillot, ou que je m'égarasse
Jusqu'à trouver un peu de style dans Garasse [2] !
. . .

_____

Des forêts ? Prends Dodone ou prends Brocéliande.

(1) |l'étrange pouvoir|s la propriété|
(2) Après ce vers, barré : *Dieu ne dédaigne pas de*

_____

Ms 24.795, f° 137, sans cote. Au v°, un début de lettre de la main de Hugo, écrit à Hauteville House et portant cette seule date : 18 octobre, probablement 1872. Hugo a ajouté, postérieurement, la mention : Voir derrière.

### Epîtres

Probus protège par édit les bêtes féroces,
. . . . . .
Et le césar défend de tuer le lion.

Règle générale : un
millionnaire doit toujours
être tr[ompé] sur toute chose.
C'est sa f[aute]. Pourquoi est-il
millionnaire [1] ?

(1) Toute cette « règle générale » se trouve sur un fragment collé sur le f° 137 r° et dont le milieu est déchiré.

Texte du début de la lettre de Hugo :

Hauteville house -

18 octobre

Monsieur, j'ai été absent, et les absents ont tort, car je lis aujourd'hui seulement les généreuses pages écrites par vous à mon occasion le 2 septembre et le 9 septembre.

[Après ce début de lettre, figure au crayon, peut-être, de l'écriture de Hugo :]     *le* ou *la* parallèle [les deux articles sont soulignés]

Ms 24.795, f° 138, sans cote. Papier blanc. Vers 1870-72 semble-t-il.

### Epîtres

. . . .
L'ours, parce qu'il [1] est noir et parce qu'elle est blanche,
S'éprend d'un sombre amour pour la neige, et Ballanche
Adore, vieux et laid, madame Récamier,
. . . . .

(1) Hugo a écrit : parceque

Ms 24.795, f° 139, sans cote. Papier blanc. Vers 1873-75 semble-t-il.

Epîtres
———

. . . . . .
Si bien que Dieu, gêné dans sa béatitude
Par ce monde à peu près manqué qui l'étouffait,
Obtint que Satan prît les hommes à forfait,
Avec de lourds devoirs et des droits fort peu larges,
5   Tels qu'ils sont expliqués dans le cahier des charges.

5 |Tels qu'ils sont expliqués|s détaillés et décrits|

———

Ms 24.795, f° 141 sans cote. Au v° d'une enveloppe, sans adresse. 1873-4.

Epîtres
———

. . . . — Tout est dit. Et pour tous.
Pourquoi continuer de parler ? Croyez-vous
Dire plus que Rousseau, dire mieux que Voltaire ?
— Parler est malaisé, j'en conviens, mais se taire
5   Est impossible. Il faut, quand le devoir dit : va !
Marcher.

. . .

4   |malaisé|s difficile,|      |j'en conviens,|s oui, c'est vrai,|
Le seul hémistiche qui représente le vers 1 a été ajouté par la suite. Un tiret qui
figurait en tête du vers 2 a été alors rayé par Hugo.

———

Ms 24.795, f° 142, sans cote. Papier blanc vergé à larges raies. 1874-5. B,
1605.

Epîtres
———

. . . . .
. . . — Que le printemps est fatigant ! la fleur,
L'oiseau, l'azur ; partout l'abus de la couleur.
Que d'affectation dans cet excès de roses !
Poème, soit. Mais trop de détails, trop de choses.
5   L'effort pour faire effet éclate à chaque mot.
— De qui parlez-vous là, demandai-je au grimaud ?
— De Dieu, monsieur. — Fort bien, monsieur. —
                                    . . .

. . . . . .

1   *Morbleu* [?]... — Que
En fin de vers, « la fleur » a été ajouté quand ce premier mot a été rayé.

———

Ms 24.795, f° 147, sans cote. Au v° d'une enveloppe de l'imprimerie A. Quantin ; envoi fait à P. Meurice, 5 avenue Frochot et daté 4 mai 1877.

Epîtres
——————

    [r°]

. . .

O Dieu, qui n'acceptant [1] rien de désordonné,
Mis dans les mots un rhythme et dans les noms un style,
Maître qui ne veut pas de tapage [2] inutile,
Et qui plus d'une fois courroucé, châtias
Les forêts et les vents pour leur galimatias.
      . . . . . . . . . .


    [v°]
Dieu-azur-dédain- [3]

             et je contredis
Le grand blasphème du tonnerre.

      ——————

Les noirs blasphèmes de la foudre.

      ——————

Prêtres, vous nous donnez le change sur la foudre — [4]
Ce n'est pas la colère de Dieu.

(1) |ne *voulant*|s n'acceptant|
(2) |tapage|s vacarme|
(3) Les lignes suivantes jusqu'à « foudre », dans le sens de la hauteur, à droite.
(4) Jusqu'à la fin, écrit dans le sens de la hauteur, à gauche.

        ——————

Epître figurant dans un *Carnet* de 1860 qui appartient à une collection particulière. B, 1605.

          C'était un homme habile,
Tirant parti de tout, même de ses défauts,
Appelant sa débauche et ses vices Paphos,
Trichant au jeu, mais bah ! mettant sur ses mains sales
Ces deux gants : Henri IV et Saint François de Sales,
Se déclarant farouche ou libertin, selon
Qu'il rencontrait le père ou le fils Crébillon.

# NOTES

7/139 (24.795, f° 144).

*Comme un arbre vivant...* Cette image figure dans un fragment publié dans *Dieu (L'Océan d'en haut),* éd. Nizet, p. 199).

*L'erreur alourdit... :* C'est là un thème familier à Hugo. On le rencontre, en particulier, dans *Ce que dit la Bouche d'Ombre (Les Contemplations,* VI, 26, 220-2) :

> Selon que l'âme, aimante, humble, bonne, sereine,
> Aspire à la lumière et tend vers l'idéal,
> Ou s'alourdit, immonde, au poids croissant du mal, ».

En vertu de la même loi, dans *L'Homme qui rit,* l'ourque des comprachicos, la Matutina, s'enfonce dans la mer, apesantie par les crimes de ses occupants. « Leur poids était leur fossoyeur. » (B, 1133). Plus loin, le docteur donne à ses compagnons, l'explication de cette chute fatale : « Jetons à la mer nos crimes. Ils pèsent sur nous. C'est là ce qui enfonce le navire. » (ibid., 1133).

La porte Quirinale, au nord-est de Rome, donnait accès au mont Quirinal.
La porte Capène, au sud de Rome, était traversée par la *via Appia.*

---

67/106 (24.795, f° 75).

Cf. *Journal de ce que j'apprends chaque jour* (éd. Flammarion) p. 28 et note p. 115.

Dieu cacha le prophète Baruch et son maître Jérémie lorsque le roi de Juda, après avoir eu lecture des prophéties de Jérémie, avait ordonné d'arrêter les deux hommes. *(Jérémie,* XXVI).

*Nourrissait le prophète... :* cf. *Journal de ce que j'apprends chaque jour* p. 23 et note p. 113, et *Dieu, (Le seuil du gouffre), Voix* V, 85-6 (éd. Nizet, p. 52) :

> Va-t'en dans le désert manger des sauterelles
> Comme Jean qui de l'ombre écoutait les querelles ;

---

67/113 (24.795, f° 45).

Dans *Le Dernier jour d'un condamné* (B, 193) Hugo décrit l'extérieur de la prison de Bicêtre, et, plus loin les cachots (ibid., 194). Dans 166/63 (13.425, f° 63), on lit cette note : « Bicêtre : poème en trois chants : *pauvreté, crime, folie.* »

---

67/127 (24.795, f° 77).

Dans les *Carnets* de cette époque, ne figure aucune déclaration de ce genre. On trouve de nombreuses allusions au récif des Casquets dans *Les Travailleurs de la mer* et dans *L'Homme qui rit*. Dans *Les Travailleurs de la mer*, Hugo donne des précisions sur la situation de l'îlot :

« L'archipel est fait de quatre îles ; deux grandes, Jersey et Guernesey, et deux petites, Aurigny et Serk ; sans compter les îlots, Ortach, les Casquets, Herm, Jet-Hou, etc... » (B, 937).

« ... l'archipel de la Manche dessine le triangle. [...] Un segment de mer triangulaire se découpe entre ces trois points culminants, Aurigny, qui marque la pointe nord, Guernesey qui marque la pointe ouest, Jersey, qui marque la pointe sud. Chacune de ces trois îles mères a autour d'elle ce qu'on pourrait nommer ses poussières d'îlots. Aurigny a Bur-Hou, Ortach et les Casquets... » (ibid., 938).

Recherchant l'étymologie de ce nom, Hugo écrit dans le même roman :

« Le château Cornet est construit sur un rocher qui a été un Holm, ou Heaume ; cette métaphore se retrouve dans les Casquets, Casques. » (ibid., 938).

Les Casquets étaient un lieu de naufrage célèbre. A la remarque des *Travailleurs de la mer* : « Les Casquets où s'est, dit-on, perdue *La Blanche Nef...* » (ibid., 992), reprise dans *L'Homme qui rit* (B, 1128), on peut ajouter cette indication tirée elle aussi du roman de 1866 (939) :

« Les Casquets sont un redoutable lieu de naufrage. Les Anglais, il y a deux cents ans, avaient pour industrie d'y repêcher des canons. Un de ces canons, couvert d'huîtres et de moules, est au musée de Valognes. »

C'est sur ce rocher dont Hugo décrit minutieusement la Light-House que la *Matutina* des comprachicos faillit se briser (*H.Q.R.*, B, 1128 et suiv.).

Enfin, Giliatt, lui aussi, recherche la solitude des Casquets : il va « de temps en temps passer un mois ou deux dans quelque îlot solitaire comme Chousey ou les Casquets. » (*T.M.*, B, 955).

---

67/190 (24.795, f° 70). A rapprocher de 66/53 (ms 13.429, f° 9) inspiré de l'*Ecclésiastique*, XIV, 20 et suiv. (*Autour des Contemplations*, p. 150, R. Journet et G. Robert, éd. Belles-Lettres, 1955.)

---

67/191 (13.419, f° 85).

Le rapprochement entre l'écume de la mer et la douleur de l'homme ou le mal, se trouve également dans *La Pitié suprême* (I, 66-7) :

> Le volcan, hagard, crache le soufre,
> L'âpre océan l'écume, et l'homme la douleur.

Utilisant cette image pour parler des habitants de la Jacressarde, dans *Les Travailleurs de la Mer* (B, 985), Hugo écrit : « D'où sortaient-ils ? de la société, étant la misère ; de la vague, étant l'écume. »

67/198 (24.795, f° 29).

Cf. Musset, *Premières poésies, La Coupe et les Lèvres* (IV, I) :

> Ah ! malheur à celui qui laisse la débauche
> Planter le premier clou sous sa mamelle gauche !

Cf. aussi dans 24.753, f° 711 (griffe du notaire, sans cote) :

> [...]
> Flavio
> ô mort ! spectre équitable ! fauche
> Ceux à qui rien ne bat sous la mamelle gauche !

*Le géant de Mulhouse* : S'agit-il du tilleul géant dont E. Meininger dans son *Histoire de Mulhouse*, Mulhouse, 1923, écrit : « Un tilleul géant datant de 1626 et planté par Jean Zetter sur la place de la Concorde, sur lequel on avait aménagé plusieurs étages où les bourgeois se réunissaient pour boire et manger, dut être abattu parce que, frappé par la foudre en 1742, il dépérissait. Ce tilleul était renommé au loin et se voit sur plusieurs vieux plans de la ville. » (p. 81) ?

---

67/199 (24.795, f° 102).

*Chacun suit son instinct...* : paraphrase du vers de Virgile, *Bucoliques* (II, 65) : *Trahit sua quemque voluptas...*
   Jules Gérard (1817-1864), officier, dit *le Tueur de lions,* entreprit de faire la chasse aux lions qui dévastaient certaines colonies françaises d'Afrique. Il fut très populaire et les Arabes l'appelaient *le Terrible Franc.* En onze années, il tua vingt-cinq lions. J. Gérard a écrit *La Chasse au lion* (1855) et *Le Tueur de lions,* (1856) qui figurait dans la bibliothèque de Hauteville-House et dont les pages avaient été coupées.

Cf. dans 106/260 (24.810, f° 59) :

> compare
> Gérard à St Georges

> Vos tueurs de lions aux tueurs de dragons.

Bombonnel, le chasseur de panthères, est mis en scène dans *Tartarin de Tarascon,* (3ᵉ épisode, § II) où il est fait également allusion à J. Gérard (ibid. § III).

---

67/200 (24.795, f° 5).

Tibère est très fréquemment cité par Hugo comme le type du tyran cruel ; cette phrase de *L'Homme qui rit* (B, 1217) apporte une précision : « Il y a le tyran qui se cache, comme Tibère. »
   Il semble que ce soit la rime Tibère / réverbère qui ait joué un rôle stimulateur dans l'élaboration de la formule.

---

Saint Roch était suivi d'un chien qui léchait ses plaies.

On retrouve le jeu de mots dans *Les Chansons des rues et des bois, Chelles* (livre I, IV, 5, 37-40) :

> Quand j'arrive avec mon caniche,
> Chelles, bourg dévot et coquet,
> Croit voir passer, fuyant leur niche,
> Saint Roch, et son chien saint Roquet.

---

**67/224 (24.795, f° 58).**

Chapelle (1626-1686) et Bachaumont (1624-1702) écrivirent en collaboration le *Voyage de Chapelle et Bachaumont* (1663). C'est le récit humoristique, moitié vers et moitié prose, d'un voyage fait dans le Languedoc en 1656.

George Keith (1685-1778) — l'orthographe « Kaith » paraissait douteuse à Hugo qui l'a accompagnée d'un point d'interrogation —, connu sous le nom de *Milord Maréchal,* était maréchal héréditaire d'Ecosse. Il vécut la plus grande partie de sa vie en Prusse, auprès de Frédéric II dont il devint l'ami. Il fut l'un des protecteurs de Rousseau et l'un des correspondants de Voltaire.

Bilboquet est le principal personnage des *Saltimbanques,* parade en trois actes de Dumersan et Varin qui fut représentée au Théâtre des Variétés, le 25 janvier 1831, et qui connut un succès durable. Bilboquet est le type de l'homme d'affaires habile à tirer parti de toutes les situations, sans aucun scrupule et soucieux, avant tout, de ses intérêts pécuniaires.

---

**67/225 (24.795, f° 126).**

Il n'y a aucune anecdote de ce genre dans l'*Histoire amoureuse des Gaules.*

---

**67/227 (24.795, f° 35).**

Biscornette figure également dans *L'Ane,* III, 750. Il s'agit de Biscornet, célèbre ferronnier du XIII\* siècle, auteur des pentures qui ornent la porte Sainte Anne de la cathédrale Notre-Dame de Paris. « His contemporaries pretended that he had allied himself withe the Devil to do his work, as no human could have done it so well. » (Edgar B. Frank, *Old french Ironwork,* Cambridge, 1950.)

Par le nom de Lépautre, Hugo fait sans doute allusion à Jean Le Pautre, décorateur du XVII\* siècle. Il est cité dans l'*Histoire de l'Art* d'A. Michel qui fait mention de ses meubles, de ses torchères, de ses cadres de miroir, et de ses vases.

Les six frères Limosins étaient des émailleurs originaires de Limoges. Le plus célèbre est Léonard I\*\* (1505-1577) que François I\*\* mit à la tête de la manufacture royale de Limoges. Il exécuta 1840 émaux. Peut-être est-ce de lui que Hugo parle ici.

Quentin Metsys ou Messys ou Massys (1466-1529), peintre flamand, peignit dans ses débuts des tableaux religieux puis des tableaux de genre.

François de Vriend dit Franc Flore ou Frans Floris (1520-1570), célèbre peintre d'histoire, imitateur fervent de Michel-Ange, connut un très grand succès et ses contemporains le saluaient du surnom d'*Incomparable.*

Hugo a vu des Metzys et des Floris au musée d'Anvers en 1867 ; voir *Victor Hugo en Zélande,* Paris, 1868.

---

67/230 (24.772, f° 103).

Ces vers rappellent *L'Albatros* de Baudelaire publié le 10 avril 1859 dans la *Revue française.*

L'œuvre d'Eschyle et celle de Dante ont en commun la grandeur épique, l'épouvante et l'angoisse qu'elles inspirent (*William Shakespeare*, I, 2, § III et XI). Dans *W. Sh.* également, Hugo rapproche Juvénal et Dante (I, 2, XI) : « Juvénal condamne, Dante damne. »

---

67/235 (24.774, f° 196).

De Louvois, Hugo écrit dans *Les Chansons des rues et des bois, Le chêne du parc détruit,* (livre I, V, 1, 113) :

Les Louvois nés pour proscrire,

Vers 5 : ... *une femme extermine :* allusion aux dragonnades qui suivirent la révocation de l'édit de Nantes.

---

67/237 (24.795, f° 38).

*Acad. 1856* (*complément*) art. damp. : s. m. (V. lang.) titre employé autrefois pour Dom ou Dam. *Damp abbé.*
La même expression figure dans *Notre-Dame de Paris.*

---

67/238 (24.795, f° 27).

Adaptation d'une épigramme de Martial, VII, 83 :

Eutrapelus tonsor dum circuit ora Luperci
Expingitque genas, altera barba subit.

Hugo a probablement tiré cette citation de l'*Excerpta* de 1828 dont il sera question dans les *Fragments de Dieu,* note de la pièce 106/72 [b], publiés par MM. Journet et Robert (éd. Flammarion).
Cf. 67/302 (24.753, f° 503) :

Pedagogo sortant furieux et à demi-rasé d'une boutique de barbier.

O barbier ! sois maudit par les hommes poilus !
Sois appelé du nom fatal d'Eutrapelus !
Il est lent. Il vous met dans la bouche le pouce !
Pendant qu'il rase là, la barbe ici repousse !

---

67/239 (24.795, f° 49).

Barthélemy Pacca (1756-1844) reçut le chapeau de cardinal des mains de Pie VII, pour lequel il fit preuve d'un dévouement total lors du conflit qui opposa le pape et Napoléon. Le cardinal Pacca vit se succéder quatre papes : Pie VII qui régna de 1800 à 1823, Léon XII de 1823 à 1829, Pie VIII de 1829 à 1830, Grégoire XVI de 1831 à 1846.

Peut-être y a-t-il ici une paraphrase ironique de la chanson d'Alceste (*Le Misanthrope,* I, 2).

---

67/240 (24.795, f° 48).

Paysage de fantaisie : Catane est un port ; Ségeste n'est pas une ruine.

*Soufflant leur âme...* : il y a probablement ici un jeu de mots sur « âme » auquel Hugo a donné le double sens du latin *anima*.

Cf. 106/163 (24.763, f° 319), dans les paroles que « l'être noir » adresse à l'homme :

> « Que ton souffle soit tout, qu'il soit ton âme ou non, »

---

67/242 (24.795, f° 39).

James Nasmyth (1808-1890) était un ingénieur écossais qui s'installa en 1831 à Manchester pour y fabriquer des machines-outils ; il y inventa, en 1843, un marteau-pilon à vapeur. C'est à cet appareil que Hugo paraît faire allusion ici, car « martinet » peut désigner un gros marteau d'usine mis en mouvement par la vapeur ou par un courant d'eau.

---

67/245 (24.795, f° 20).

Sur Dracon (fin du VII<sup>e</sup> siècle avant J.-C.) qui institua à Athènes une législation très rigoureuse, on peut citer ces vers des *Chansons des rues et des bois* (*L'ascension humaine,* livre II, III, 5, 293-6) :

> Dracon était un cerbère
> Qui grince encore sous le ciel
> Avec trois têtes : Tibère
> Caïphe et Machiavel.

Jean Knox (1505-1572), l'un des promoteurs de la Réforme en Ecosse, était d'un caractère plus inflexible que Calvin qui fut son maître, allant même jusqu'au fanatisme et à l'intolérance.

---

67/276 (24.763, f° 489).

Dans l'*Histoire du socinianisme* Paris, 1723 du Père A. Guichard, (ch. III, *Le motif qui a donné la naissance au socinianisme*) l'auteur montre la parenté entre la doctrine de Socin et celles de Luther et de Calvin ; en particulier, il renvoie, p. 10, aux *Lettres aux Polonais* de Calvin. Peut-être ce livre dont Hugo aurait pu tirer des renseignements à deux reprises pour ces *Epîtres* (voir les notes de 77/92 et de 24.795, f° 82, sans cote) est-il la source de ce passage : l'allusion précise au « désir de savoir » n'y figure cependant pas.

---

67/281 (24.795, f° 24).

Charles, duc de Bourbon, comte de Montpensier et de la Marche, (1490-1527) est célèbre sous le nom de connétable de Bourbon. En butte à l'hostilité de François I<sup>er</sup> et de sa mère, Louise de Savoie, dont il avait refusé la main, il céda aux propositions secrètes de Charles-Quint, et se mit à son service pour lutter contre la France. Un arrêt du Parlement de Paris flétrit sa mémoire, ses biens féodaux furent dévolus à la couronne, ses autres biens confisqués, et la porte de son hôtel peinte en jaune, couleur des traîtres.

---

67/353 (24.795, f° 140).

Pour les deux premiers vers, le fragment 67/126 (24.735, f° 359), voir ci-avant (p. 56) *Carnet* 13.454, f° 8 et dans *Boîte aux lettres* le fragment 67/126 (24.735, f° 359), (éd. Flammarion, p. 21 et la note, p. 141).

———————

69/102 (24.795, f° 143).

Charles de Chilly (1804-1872) débuta d'abord sur de petites scènes, puis en 1827, il joua les rôles d'amoureux de l'ancien répertoire — Valère du *Tartuffe*, par exemple — à l'Odéon, où il revint en 1829, après une tournée de deux ans. Il quitta ensuite l'Odéon pour la Porte-Saint-Martin où il se distingua, en particulier dans le rôle du Juif de *Marie Tudor*. Hugo éprouvait pour lui de l'estime comme il est dit à ce propos dans *Victor Hugo raconté* LIX (B, 1639). Après deux années passées à l'étranger (1836-1837), il rentre à Paris et débute à l'Ambigu comique en 1839. « Bientôt il trouva sa véritable voie : l'emploi des traîtres était le seul qui convînt à son physique et à sa diction mordante, railleuse, mesurée. Il créa *un genre* et rajeunit même ce type obligé du drame. »[1] Directeur de l'Ambigu en 1858 ; il fut associé à la direction de l'Odéon en 1867 lorsque les représentations de *Ruy Blas* y furent interdites (5 déc. 1867). Hugo l'accuse d'avoir fait des mots méchants sur ses pièces (*Corr. III*, 89 et suiv., 117). Il monta en 1872 *Ruy Blas* dont la représentation fut un triomphe. Le 14 février, il rendit visite à Hugo pour lui faire part de ce succès (*Carnet* 13.474). Il mourut le mardi 11 juin 1872, alors qu'il venait d'assister à la fête que Hugo donnait aux artistes. Hugo consacre à cette mort quelques pages du *Carnet* de 1872, journées des 11, 12 et 14 juin.

Perroud père, appelé aussi Perroud de l'Odéon, s'était déjà acquis une bonne réputation en province, lorsqu'il débuta à la Comédie-Française en 1807 ; la même année, il entra au Théâtre de l'Impératrice où, pendant treize ans, il participa à toutes les distributions. Il se retira en 1821 et mourut en 1822.

Dans ce jeu de mots, Hugo associe donc les noms de deux acteurs de générations différentes.

(1) Les renseignements sur la vie des deux acteurs sont tirés du *Dictionnaire des comédiens français*, Paris, 1904, par Henry Lyonnet.

———————

69/125 (24.772, f° 415).

Ce passage est inspiré de Juvénal, *Satire* X, 265 et suiv.

———————

70/167 (24.795, f° 113).

La trirème passe pour avoir été inventée, la XX° olympiade, par un des grands constructeurs de vaisseaux de l'époque, Aminoclès de Corinthe. Cf. *William Shakespeare* (*Œuvres critiques*, B, 1435) : « [...] et le calfat corinthien qui, neuf ans avant la première olympiade, a [...] imaginé la trirème... »

Dave est un esclave non des comédies de Plaute, mais de celles de Térence. Rusé et intrigant, il apparaît dans le *Phormion* et surtout dans l'*Andrienne* où son caractère annonce celui de Scapin.

Triptolème « est le héros éleusinien par excellence, lié au mythe de Déméter. [...] En récompense de l'hospitalité que Déméter avait reçue à Eleusis, chez les parents de Triptolème, elle lui donna un char traîné par des dragons ailés, et lui ordonna de parcourir le monde en semant partout des grains de blé. » (P. Grimal, *Dictionnaire de mythologie grecque et romaine,* P.U.F., Paris, 1958).

Duilius (Nepos), consul romain en l'an 261 av. J.-C., pendant la première guerre punique, inventa pour équiper les lourds vaisseaux romains le corbeau, sorte de pont-levis armé de harpons qui facilitait l'abordage. Dans *Littérature et philosophie mêlées,* Hugo le surnomme : « l'accrocheur de vaisseaux ».

La tradition selon laquelle Archimède (287-212 av. J.-C.), lors du siège de Syracuse par les Romains, réussit à incendier les vaisseaux ennemis à distance, à l'aide de miroirs ardents qui réfléchissaient la lumière du soleil en la concentrant, est erronée.

Moréri, art. catapulte : « Elien dit que la catapulte a été trouvée en Sicile par Denys le Tyran (...) ».

---

**70/170** (24.735, f⁰ 466).

Cf. *Corr.* II, 204, lettre du 4 janvier 1855 à M^me de Girardin : « Du reste, la foi à une chute prochaine de M. B. est dans l'air ; on me l'écrit de toutes parts. Charles disait tout à l'heure en fumant son cigare : *1855* sera une année œuvée. »

---

**70/183** (24.795, f⁰ 118).

Hébert (1757-1794), Fréron (1765-1802), Fouché né près de Nantes (1763-1820), Carrier (1756-1794) furent tous responsables de massacres pendant la Révolution. Hébert, selon certains historiens, joua un rôle dans les massacres de septembre. Fréron se signala toujours par une sévérité extrême. Ainsi, envoyé à Marseille pour réprimer l'insurrection royaliste, il procéda à de nombreuses exécutions et se proposa même, en détruisant les monuments, de faire de cette ville une *ville sans nom* ; il menaça ensuite Toulon du même sort. Fouché fit régner la terreur à Lyon et Carrier à Nantes.

Pour Arbuez grand inquisiteur d'Aragon, assassiné en 1485 après les autodafés qu'il célébra à Saragosse, cf. *Légende des Siècles,* L, 75-6 :

> Arbuez, l'âme terrible où se réfugia
> L'affreux dogme sorti de l'antre à Borgia.

---

**70/184** (24.753, f⁰ 1424).

Don Amilcar revient à plusieurs reprises dans les fragments du *Théâtre en liberté.*

70/186 (24.795, f° 115).

Peut-être Hugo fait-il allusion ici à Leconte de Lisle.

Le v. 5 est une allusion à l'*Enéide,* VIII, 595-6 :

> It clamor, et agmine facto
> Quadrupedante putrem sonitu quatit ungula campum.

Cf. 79/291 (24.793, f° 610) :

**Maglia.**

. . .
Si la chose n'est point je veux que Dieu me damne
Le diable a dans l'enfer changé mon homme en âne
Là, pour l'éternité, le sabot du pédant
Frappe le sol pourri d'un son quadrupédant.

et 92/20 (13.419, f° 96) [1877] :

> . . . et j'aime moins Virgile
> Quand son cheval, pour être agréable au pédant,
> Frappe le champ pourri d'un son quadrupédant.

et enfin *Album* 13.476, f° 18 :

> Il faut que| le|s mon| cheval,
> Pour plaire à ce pédant,
> Frappe le sol pourri
> D'un son quadrupédant

---

70/188 (24.775, f° 155).

Dom Brial (1743-1828), historien et bénédictin, participa à la publication des tomes XIII à XVIII du *Recueil des historiens de la France,* des tomes XIII et XVI de l'*Histoire littéraire de la France,* et des *Notices et extraits des manuscrits de la bibliothèque du roi.* Il écrivit également des dissertations historiques parues dans le *Recueil de l'Académie des inscriptions.*

---

70/190 (13.401, f° 139).

La citation est extraite de l'*Art poétique* d'Horace (v. 97). Dans 106/461 (13.424, f° 63), on lit, entre autres fragments :

. . . .

> (mon vieux précepteur
> Il rejetait l'ampoule et les mots de six pieds
> (projicit ampullas etc.

---

70/193 (24.795, f° 120).

Martial, *Epigrammes* (I, 16) :

> Sunt bona, sunt quaedam mediocria, sunt mala plura
> quae legis haec : aliter non fit, Avite, liber.

---

70/198 (24.795, f° 108).

On appelle « têtes de clou » des caractères d'imprimerie usés et écrasés. Dans 88/21 (24.758, f° 453 v°) on trouve notée, entre autres, la rime :

Cuvier

palétuvier

---

77/65 (24.795, f° 103).

Il s'agit du démon Asmodée et de don Cleofas Leandro Perez Zambullo, écolier d'Alcala, personnages du *Diable Boiteux.*

---

77/92 (24.795, f° 78).

*Tota licet...* est l'épitaphe de Socin. Voir, en particulier l'*Histoire du socinianisme,* Paris, 1723 par le Père A. Guichard.

---

77/102 (13.401, f° 155).

La citation est tirée de Juvénal, *Satire* I, 7, 10.

---

77/106 (24.795, f° 10)

C'est le vieillard dont parle Virgile dans les *Géorgiques* (IV, 125-148) ; cf. *Boîte aux lettres* 146/356 (date : 1854-5) :

Tu peux, sur ton âpre falaise,

Jouer, si bon te semble, au vieillard du Galèse ;

92/40 (24.772, f° 16).

Dans 66/37 (24.775, f° 167) on trouve, entre autres indications :

temple d'Auguste

bâti par Livie sur le Palatin

Statues                    ... et sous le péristyle

le mime Claudius et le danseur Bathylle.

Bathylle était un mime célèbre, aimé de Mécène et d'Auguste.

---

106/57 (24.753, f° 1343).

L'esprit noir figure à plusieurs reprises dans *Dieu* et dans le prologue d'une comédie ébauchée (*Théâtre* II, Pléiade, p. 1759-60) en prononçant ces mots : « Tremblez, je suis le démon. »

On retrouve la même anecdote sur Jacques Ier dans *Les Travailleurs de la mer* (B, 952) : « Le judicieux et savant roi Jacques Ier faisait bouillir toutes vives les femmes de cette espèce, goûtait le bouillon, et, au goût du bouillon, disait : *C'était une sorcière,* ou *Ce n'en était pas une.* » Jacques Ier écrivit une *Démonologie* pour protester contre ceux qui affirmaient que la sorcellerie n'existait pas. Dans le tome II de sa traduction des *Œuvres* de Shakespeare, consacré aux Féeries, F. V. Hugo cite cette *Démonologie* dont il traduit la préface.

---

141/7 (24.795, f° 146).

Gustave Planche (1808-1857) et Hugo étaient brouillés depuis 1833. On voit que la rancune de Hugo à l'égard du critique a subsisté après la mort de celui-ci. Sur Planche, voir *Boîte aux lettres,* note de 69/184 (p. 160). Aux exemples cités dans cette note, on peut ajouter ce passage tiré d'un *Carnet* (13.461, f° 49 ; B, 1407. *Œuvres politiques, Œuvres diverses*) :

« [ mars 1865] Rencontre dans le parc d'un dogue qui s'est brusquement jeté sur moi. Il allait me mordre, l'imminence d'un grand coup de pied l'a fait reculer. Pourquoi cette bête me hait-elle ? Cela a peut-être été homme, et envieux. C'est peut-être Gustave Planche promu chien. »

---

146/217 (13.401, f° 95).

La citation, extraite de l'*Epître* I, XI, 27, a été notée également au f° 52 du ms 13.401, sans cote, que l'on peut situer vers 1840 :

Coelum, non animum mutant, qui trans mare currunt

(Horace)

Voyager, c'est changer de ciel et non d'esprit

---

147/10 (24.795, f° 110).

Cf. *Les Rayons et les Ombres,* VIII, 54-60, poème daté mai 1839, adaptation du passage célèbre des *Géorgiques* (I, 493-7).

---

146/249 (24.795, f° 3).

La variante du vers 3 appelle une remarque d'interprétation. Si l'on retient la première rédaction, qu'entendre par « Jésus » ? Le Christ auquel Hugo rend grâce dans 24.788, f° 159 ? Il ne saurait que lui consacrer des louanges et il paraît difficile, dans ce cas, de justifier l'expression « coups de hache », employée dans cette *Préface,* qui évoque l'activité du poète satirique taillant à travers les mœurs de son siècle pour en élaguer les injustices et les scandales. D'autre part, en accord avec la seconde leçon « Caïn », avec d'autres termes comme « César » et « Moloch » qui désignent des puissances nuisibles, faut-il faire de « Jésus » le symbole du catholicisme tel que Hugo le condamne ? Cette interprétation paraît bien surprenante et la question reste posée.

---

148/377 (24.758, f° 519).

La citation latine est tirée des *Nuits attiques* (II, 21). Elle figure également en 256/30 (13.401, f° 104), qui porte, au v°, le timbre postal : 16 janvier 1857:

Nox erat et anni aestas etc..

. . .

Mer sereine. Bon vent. La nuit illuminait

Ses dômes, ses frontons, ses porches, ses pilastres ;

Nous étions sur la poupe à regarder les astres.

. . . . .

Cf. également, ms 13.401, f° 160 ; au v°, un fragment d'un poème imprimé, signé : Drumaux et daté : Bouillon, 20 décembre 1870 :

... Achille, ce troupier,

---

C'était l'été, le ciel serein, la mer liquide ;
Nous étions sur la poupe assis, ceux de Colchide,
Et ceux d'Elide, émus par l'ombre et le printemps,
Et nous considérions les astres éclatants.

...

> (erat anni aestas, liquidumque
> mare, caelumque serenum.
> etc)

---

**176/24 (24.795, f° 63).**

Il est exact que sur toutes les enveloppes provenant de Guernesey même, le nom de Victor Hugo est suivi de cette abréviation.
Voir ci-avant (p. 56) *Carnet* 13.454, f° 16.
*Esq.* est l'abréviation de *esquire*. Dans *Les Travailleurs de la mer* (B, 965), Hugo énumère les échelons de la hiérarchie sociale en Angleterre : « ... au-dessus du monsieur (*gentleman*), il y a l'esq. (écuyer), au-dessus de l'esq., le chevalier (*sir* viager), puis, en s'élevant toujours, le baronet (*sir* héréditaire)... » De mess Lethierry, Hugo écrit : « Qui sait si un jour on ne lirait pas dans l'almanach de Guernesey au chapitre *Gentry and Nobility* cette inscription inouïe et superbe : *Lethierry esq.* ? »
La famille Dumaresq, de religion protestante, quitta l'Auvergne d'où elle était originaire au moment des guerres de religion et vint s'établir à Jersey ; elle était alliée à des familles aristocratiques.
William Ozanne est le propriétaire auquel Hugo acheta Hauteville-House ; voir par exemple, une quittance, ms 13.446, f° 37.

---

**176/28 (24.775, f° 382).**

La dogme de Memphis, rite maçonnique, a été fondé en 1838 par un homme de lettres, le frère Marconnis. Il prétend remonter aux mystères de l'ancienne Egypte et ses adeptes le proclament le *vrai rite primitif*, mais ses absurdités ont été raillées par des francs-maçons d'autre obédience.
Hicétas de Syracuse, philosophe pythagoricien, enseigna, en astronomie, l'immobilité du système céleste et la rotation de la terre sur elle-même. Sa vie et sa doctrine sont, par ailleurs, mal connues.
Thomas Campanella (1568-1639) et Giordano Bruno (1550-1600), tous deux philosophes italiens et dominicains, furent persécutés pour leur audace intellectuelle.
Jérôme Cardan (1501-1576), mathématicien et philosophe italien, passa quelques mois en prison pour avoir dressé l'horoscope du Christ et avoir prétendu trouver dans son thème astral une indication du supplice qu'il devait subir.

---

**176/34 (24.778, f° 173).**

*Actes et paroles, Pendant l'exil* (B, 546) donne des détails sur l'expulsion de Jersey. Charles Hugo dans *Les Hommes de l'exil*, Paris, 1875 et Auguste Vacquerie dans *Les Miettes de l'histoire*, Paris, 1863 relatent aussi l'événement.
Le laps de temps assez long écoulé entre l'expulsion et la rédaction de l'épître, que l'on peut situer après le 12 avril 1860, explique sans doute le ton désinvolte avec lequel Hugo évoque un événement qui, en son temps, le remplit d'amertume.

*Expioulcheune :* on trouve la même forme dans la lettre du 11 novembre 1855 où Hugo annonce la nouvelle à Paul Meurice. (*Corr.* II, 226.) Dans *Boîte aux lettres,* 69/305, le mot rime avec *jeûne.*

---

256/23 (24.795, f° 41).

Cette image paraît assez isolée. Dans *William Shakespeare,* où Hugo analyse et définit le génie des grands poètes, Ennius est qualifié d'« ébauche de poète, vaste mais informe ».

---

256/92 (24.795, f° 8).

Le heyduque est un fantassin hongrois. Dans le poème des *Orientales* intitulé *Sara la baigneuse* (XIX, 82-3), Hugo s'est montré moins exigeant pour la rime que dans *Epîtres :*

Le sabre nu de l'heyduque
et l'eunuque

---

256/107 (24.795, f° 101).

Hugo fait allusion au sire de Canaples dans *Boîte aux lettres,* 69/148 ; voir aussi la note correspondante (ibid., p. 60).

Théophylacte (mort en 956), patriarche de Constantinople, « avait une passion si déréglée pour les chevaux, qu'il en acheta plus de deux mille. On les nourrissait d'amandes, de pistaches, de dattes, de safran, de baume, et de tout ce qu'on pouvait recouvrer de plus rare et de plus précieux. Pour faire mieux connaître jusqu'où il porta cette passion, il ne faut que rapporter une action qu'il fit un Jeudi Saint. Il officiait pontificalement dans l'Eglise de Constantinople, lorsqu'ayant su qu'une jument, qu'il aimait beaucoup venait de faire un poulain, il courut à l'écurie pour le voir, puis vint achever l'office. » (Moréri)

La citation de Virgile est extraite de la III^e *Bucolique* (v. 8-9).

---

Sans cote (13.401, f° 127).

Tommaso Sgricci (1788-1836) poète improvisateur italien, vint à Paris en 1824 et improvisa des tragédies sur des sujets qu'on lui proposait. Parmi celles-ci, *La Mort de Charles I^er* récitée le 24 avril 1824 a été conservée.

La citation latine figure également dans le f° 146/342 (13.401, f° 99), que l'on peut dater de 1856 :

. . . .

Depuis Lucilius [1], contemporain d'Horace
Qui dictait trois cents vers, debout sur un seul pied.

. . . .

---

(ter centum dictabat versus, stans pede in uno)

1  Au-dessus de « Lucilius », figure : « (ou Licilius ?) »
Cette citation est extraite de la *Satire* I, 4, vers 9-11 dont le texte exact est quelque peu différent :

in hora saepe ducentos,
Ut magnum, versus dictabat, stans pede in uno.
Cum flueret lutulentus, erat quod tollere velles ;

Sans cote (13.401, f⁰ 141).

Au IXᵉ siècle, à Salerne, existait une école de médecine qui fut illustre pendant tout le Moyen Age.

Cf. 79/86 (24.753, f⁰ 622).

[...]

   ...

Seigneur, vous dormez trop. Croyez sur ce chapitre
L'école de Salerne, oracle sans brouillard :
Six heures de sommeil au jeune homme, au vieillard.
Sept heures au malade. Huit heures à personne.

---

Sans cote (24.735, f⁰ 106).

Parmi les amants de la femme de Molière qui sont cités dans *Les Intrigues amoureuses de Molière et celles de sa femme,* Francfort, 1688, ne figure pas le nom du marquis de Cavoye, courtisan célèbre. Ni l'article de Gustave Larroumet dans la *Revue des Deux Mondes* (15 juin 1885, p. 873-908) sur Mlle Molière, ni le livre de Henry Lyonnet, *Mademoiselle Molière,* Paris, 1932, ni l'ouvrage, plus récent, de Mongrédien, *La vie privée de Molière,* 1950, ne font allusion à Cavoye mais tous se réfèrent au pamphlet cité plus haut.

... *du feu sénateur V.* : il s'agit du sénateur Vieillard ; cf. des propos analogues dans *Les Misérables* (I, 1, 8).

---

Sans cote (24.736, f⁰ 168).

Dans *Les Travailleurs de la mer* (B, 969), à propos des commérages que suscite à Guernesey l'irréligion de mess Lethierry, Hugo écrit : « Les petites villes, marais de commères, excellent dans cette malignité isolante, qui est la malédiction vue par le petit bout de la lorgnette. Les plus vaillants redoutent ce raca. On affronte la mitraille, on affronte l'ouragan, on recule devant Mme Pimbêche. »

---

Sans cote, 24.753, f⁰ 1534.

En 24.735, f⁰ 587, sans cote, Hugo se moque également de l'avocat Dufaure (1798-1881) dont il ridiculise, cette fois, la voix « enchiffrenée ».

---

Sans cote (24.753, f⁰ 1624).

La bataille de la Marsaille, village d'Italie, a été gagnée par Catinat le 4 octobre 1693 sur Victor-Amédée, duc de Savoie. Dans *Quatre-vingt-Treize,* le marquis de Lantenac la cite parmi les victoires glorieuses.

---

Sans cote (24.753, f⁰ 1715).

Antrim est une ville de l'Irlande du nord.
La rime *Antrim/cold cream* est également notée en 70/344 (13.401, f⁰ 181).
Ducray-Duminil (1761-1819) écrivit surtout des romans populaires. Dans *Boîte aux lettres* (68/32), Hugo associe Ducray-Duminil à Pigault-Lebrun.

Sans cote (24.753, f° 1780).

Jean-Joseph Vadé (1720-1757), chansonnier et auteur dramatique, a introduit dans la littérature, le langage poissard.

Le caractère épique de Kléber est souligné dans le fragment 139/112 (24.791 f° 149, publié dans *Le Tas de pierres, Histoire* (*Œuvres politiques, Œuvres diverses,* B, 864) : « Kléber était une façon d'Achille cynique dont les saillies militaires étaient pleines d'ordures gigantesques et homériques. Il traitait la langue comme l'ennemi. Il disait tout comme il faisait tout. Sanglier au combat, porc au bivouac. »

Dans *Le Tas de pierres* (*Œuvres poétiques,* B, 1629), on lit encore au sujet de Kléber : « Ce grand héros épique au geste familier. »

Dans le f° 87 du ms 24.798, (1856) Hugo parle de la « grandeur eschylienne » de Cambronne à laquelle il lui consacre un célèbre chapitre des *Misérables* (II, 1, 15) ; il y écrit, en particulier : « on reconnaît dans Cambronne la vieille âme des géants », après avoir admiré le « détain titanique » de celui qui sut « compléter Léonidas par Rabelais. »

*Quand Marion Delorme* . . . orthographe exceptionnelle, Hugo écrivant d'ordinaire : *Marion de Lorme.*

---

Sans cote (24.772, f° 330).

Le Palais du Luxembourg fut la dernière prison du maréchal Ney qui fut fusillé à l'extrémité sud-est du jardin.

Pizzo est le port de Calabre où l'on fusilla Murat.

La plaine de Grenelle fut pendant quelques années, jusqu'en 1815, le lieu des exécutions militaires ; c'est là que La Bédoyère fut fusillé et aussi auparavant le général Lahorie. Dans *Les Misérables* (III, i, v) Hugo parle du « hideux mur de Grenelle tigré de balles ».

Trestaillon s'appelait en fait Jacques Dupont et était porte-faix à Nîmes. Il devint le chef d'une bande royaliste qui dévasta la région de Nîmes et d'Uzès, persécutant les protestants, rançonnant les villages et n'interrompant ses ravages que pour observer scrupuleusement le repos du dimanche. Il fut peut-être l'un des assassins de Brune.

Ney et Mouton-Duvernet se trouvaient sur la liste des généraux bonapartistes à déférer devant les tribunaux, selon l'ordonnance de juillet 1815. Seize d'entre eux furent condamnés à mort, parmi lesquels figuraient Ney fusillé à Paris le 7 décembre 1815 et Mouton-Duvernet à Lyon le 27 juillet 1816.

Brune, rallié à Napoléon pendant les Cent-jours et placé à la tête du camp d'observation du Var, s'était attiré la haine des royalistes par des persécutions très rigoureuses. Aussi, bien qu'à la seconde Restauration il se soumît, se heurta-t-il, en remontant vers Paris, à une bande de royalistes qui, à Avignon, envahirent l'auberge où il s'était réfugié et l'assassinèrent.

Murat, pris au Pizzo alors qu'il essayait de reconquérir le royaume de Naples, fut condamné à mort et exécuté en 1815.

Pierre Brumoy (1688-1742) publia en 1730, à Paris, le *Théâtre des Grecs* (3 vol., in-4) qui contenait les traductions complètes de sept des pièces grecques et une analyse des autres. En 1785, Brottier publia le livre de Brumoy augmenté des traductions complètes d'Eschyle, de Sophocle, d'Euripide et d'Aristophane. Une nouvelle publication, par R. Rochette, eut lieu en 1820-5 : l'ouvrage était complété de notes critiques et de fragments de Ménandre et de Philémon.

Hugo fait allusion à la traduction du Père Brumoy dans *L'Année Terrible* (*Janvier 871, Lettre à une femme,* 7) et dans *L'Ane* (III, 775). La bibliothèque de Hauteville-House ne contient en fait de traduction d'Eschyle que celle de A. Pierron, Charpentier, 1841.

Améric Vespuce (1451-1512 ou 1516) prétendit avoir découvert le continent où aborda Christophe Colomb en 1497, c'est-à-dire une année avant ce dernier. Colomb n'aurait fait que reconnaître les îles. Mais des documents ont prouvé que le voyage de Vespuce n'a été accompli qu'en 1499.

---

Sans cote (24.781, f⁰ 189).

Citation d'Horace, *Art poétique,* v. 1 et suiv.

---

Sans cote (24.786, f⁰ 86).

Cf. *Boîte aux lettres,* éd. Flammarion, p. 70.

On lit dans *Littérature et philosophie mêlées,* à la date : décembre 1819, [B, 1163] : « On connaît cette inscription terrible placée par Fonseca sur la route de Torre del Greco : Posteri, posteri, vestra res agitur ! Torre del Greco n'est plus ; la pierre prophétique est encore debout. »

---

Sans cote (24.795, f⁰ 9).

Les vers 7-9 font allusion à l'*Iliade,* IX, 638-40 :

ἐν τῷ ῥά σφι κύκησε γυνὴ εἰκυῖα θεῇσιν
οἴνῳ Πραμνείῳ, ἐπὶ δ'αἴγειον κνῆ τυρὸν
κνήστι χαλκείῃ.

« La femme [Hécamède] pareille aux déesses y fait son mélange au vin de Pramnos. Elle y râpe un fromage de chèvre au moyen d'une râpe en bronze » (traduction P. Mazon).

---

Sans cote (24.795, f⁰ 22).
Vers 5-6 : Littré signale la construction transitive de « pérorer » comme non usitée.

---

Sans cote (24.795, f⁰ 26).
Au contraire, Hugo célèbre la liberté d'expression dans les îles normandes, dans ce passage des *Travailleurs de la mer* (B, 942) en particulier :
« ... pleine liberté. Arrivez, vivez, existez. Allez où vous voudrez, faites ce que vous voudrez, soyez qui vous voudrez (...) Pensez, parlez, écrivez, imprimez, haranguez, c'est votre affaire.
Tout entendre et tout lire, d'un côté, cela implique, de l'autre, tout dire et tout écrire. Donc franchise absolue de parole et de presse (...). Au besoin les policemen vous aident. D'entrave, point. Toute liberté ; spectacle grandiose. »

---

Sans cote (24.795, f⁰ 37).

Voir la vie de Cicéron dans Plutarque, *Vies parallèles* (§ XXXV) :
« Il ne se présentait jamais pour plaider sans éprouver quelque crainte, et avait de la peine à s'empêcher de trembler et de frissonner, même après de nombreuses luttes au barreau, alors que son éloquence était dans toute sa force et dans tout son éclat. » (trad. Sommer).

---

Sans cote (24.795, f° 42).

Claude Barbin fut reçu libraire en 1654 ; il mourut en 1703. Il édita la plupart des écrivains de la fin du XVIIᵉ siècle. Dans le *Lutrin*, dont l'action se situe dans la Sainte-Chapelle du Palais de Justice, une bataille entre le chantre et le trésorier se déroule dans la boutique de Barbin (chant V). Dans *Les Femmes Savantes*, Vadius défie Trissotin qui lui donne rendez-vous « seul à seul chez Barbin ». (III, 3).

Antoine Varillas (1626-1696) fut historiographe de Gaston d'Orléans (1648-1652), puis du roi, (de 1660 à 1670, date à laquelle il perdit sa charge et sa pension). Il rédigea une *Histoire des Hérésies* (6 vol. ; 1374 à 1589), une *Histoire de France* qui s'étend de la naissance de Louis XI à la mort d'Henri III, une *Histoire d'Espagne* comprenant le règne de Ferdinand le Catholique et les premières années de la vie de Charles-Quint.

---

Sans cote (24.795, f° 47).

Cf. *Carnet* de 1848 (5 août) (*Œuvres politiques, œuvres diverses*, p. 1322).

L'amitié de Lamennais et de Béranger, qui s'étaient rencontrés chez Hortense Allart, date d'avril 1834. Voir, en particulier, dans l'article de Léon Séché, *Béranger, Chateaubriand, Lamennais* (*La Revue de Paris*, 15 juillet et 1ᵉʳ août 1907) les pages 605 et suivantes.

---

Sans cote (24.795, f° 51).

Cf. 24795, f° 52, sans cote. Papier gris bleu. Date BN 1859-60.

Dieu étant destitué [1]
. . . . . . . . . .

— Proudhon, c'est un esprit.

— J'apprends avec plaisir
Que le monde est encore étayé, bien qu'il penche ;
Que l'esprit nommé Dieu n'est pas, mais qu'en revanche
Il existe un esprit nommé Monsieur Proudhon.

. . . . . . .

(1) Cette ligne a probablement été ajoutée par la suite.

---

Sans cote (24.795, f° 60).
Imitation d'Horace, *Odes*, III, 3, 1-4.

---

Sans cote (24.795, f° 61).

Dans *La Légende des Siècles* (XXXIII, IV), le poète pense à la « blanche bergère » de Coustou « au seuil des Tuileries ».

---

Sans cote (24.795, f° 72).

Priape apparaît, en particulier, dans une des *Satires* d'Horace (1,8). Statue de bois placée dans les nouveaux jardins de l'Esquilin, il met en fuite deux sorcières venues au clair de lune accomplir leurs rites magiques, par le bruit sans équivoque du bois de figuier qui éclate par derrière.

Nick Bottom, tisserand, est un des personnages du *Songe d'une nuit d'été*. Répétant, avec quelques artisans d'Athènes, en l'honneur des noces de Thésée et d'Hippolyte, *La très lamentable comédie et la très cruelle mort de Pyrame et*

*Thisbé,* il est métamorphosé par le lutin Puck qui, sur son corps d'homme, pla
une tête d'âne. Titania, la reine des fées, sous l'effet d'une illusion magique,
tombe amoureuse.

Le rapprochement entre Priape et Bottom figure dans le poème des *Chanso
des rues et des bois* intitulé : *Les complications de l'idéal, Réalité* (livre I, II,
15-16) :

> Quand Horace étale Priape,
> Shakspeare peut risquer Bottom.

---

Sans cote (24.795, f⁰ 73).

C'est à la fin des *Choéphores,* qu'après le meurtre d'Egisthe et de Clyte
nestre, Oreste, en proie à des hallucinations, fuit devant les Euménides.

---

Sans cote (24.795, f⁰ 82).

Dans le ch. XLII de l'*Histoire du socinianisme,* voir ci-dessus p. 104, con
cré à Hugues Grotius, l'auteur commente les dernières paroles de Grotius et d
des passages des *Sentiments de quelques théologiens de Hollande sur l'histo
critique du Vieux Testament, composée par Mr Simon Prêtre,* Paris, 1711, de Je
Le Clerc. L'interprétation du *non intelligo* est discutée. Le secrétaire de Grot
rapporte (*Les Sentiments...,* p. 395) « qu'un ministre luthérien ayant appris
maladie, le vint voir, et commença à lui vouloir parler de sa religion, m
que le malade ne lui répondit que par ces deux mots, *non intelligo,* lui voula
marquer par là que ses prédications et ses avis ne lui plaisaient point ». M
voici les paroles d'un autre témoin (ibid., p. 397) : « Je lui demandai s'il m'
tendait, il me répondit : *Vocem tuam audio, sed quae singula dicas, difficul
intelligo,* j'entends bien votre voix, mais je ne comprends pas tout ce que v
dites. »

---

Sans cote (24.795, f⁰ 97).

Cf. *Les Quatre Vents de l'Esprit,* II, *Les Deux trouvailles de Gallus,*
188-190, et *Le Tas de pierres, Ceci et cela — Idées çà et là* (*Œuvres critiqu
B,* 1549) :

« Ce sont des gueux, des drôles, des misérables, des dragons de méchance
des monstres ; mais qui se hérissent saintement dans l'occasion et qui ont
tas de retours tortus vers tous les préjugés, toutes les déclamations bê
toutes les momeries, toutes les pruderies.

Leur croupe se recourbe en replis vertueux. »

---

Sans cote (24.795, f⁰ 99).

*par les Topinamboures...* jeu de mots sur le nom de la peuplade du Brési
les Topinambous.

---

Sans cote (24.795, f⁰ 106).

Sur les clochers de Guernesey, on lit dans *Les Travailleurs de la m
(B,* 933) : « dix clochers gothiques sur l'horizon » ; dans le même rom
(ibid., *B,* 1074), voici l'église de Saint-Pierre-Port : « ... triple pignon juxtap
avec transept et flèche [...]. Cette église est la majuscule de la longue lig
que fait la façade de la ville sur l'océan. »

---

Sans cote (24.795, f⁰ 109).

Louis Agassiz (1807-1873), naturaliste suisse, a travaillé selon les méthodes de Cuvier et a entrepris sur les poissons des études comparables à celles de Cuvier sur les mammifères. Dans ses *Recherches sur les poissons fossiles* (1833-1842), il cite l'hémirhynque, dont il donne l'étymologie parmi les mots nouveaux introduits dans l'ouvrage.

Sans cote (24.795, f⁰ 111).

Pélage, mort en 737, roi des Wisigoths réfugiés dans les Asturies, repoussa en 718 l'invasion arabe.
Le poète Tyrtée (vii⁰ siècle avant J.-C.), pendant la seconde guerre de Messénie, releva, par ses chants guerriers, le courage des Spartiates qu'il conduisit à la victoire.

Sans cote (24.795, f⁰ 115).

On lit dans 24.753, f⁰ 602, sans cote :

> Ça mettrait un velours sur mon pauvre estomac
> Ça me tapisserait la membrane muqueuse

Sans cote (24.795, f⁰ 121).

La même réflexion figure dans *Les Travailleurs de la mer* (B, 1066) : « tous les imbéciles ont prévu ce qui vous arrive. »

Sans cote (24.795, f⁰ 122).

Hersart de la Villemarqué (1815-1895) étudia la langue et la littérature bretonnes. Il publia un *Essai sur l'histoire de la langue bretonne* (1837), des *Contes populaires des anciens Bretons* (1842), des *Poèmes des bardes bretons du* vi⁰ *siècle* (1850), *La légende celtique en Irlande, en Cambrie et en Bretagne* (1859) etc... L'Académie avait accordé en 1847 à ses *Chants bretons* un prix de traduction et Hugo avait pu les lire à cette occasion.

Sans cote (24.795, f⁰ 127).

Coutras est le lieu de la bataille que Henri de Navarre, futur Henri IV, remporta le 20 octobre 1587, sur les catholiques commandés par le duc de Joyeuse.
Blaise de Montluc (1502-1577), surnommé le *Boucher royaliste,* était célèbre pour sa bravoure et sa cruauté. Henri IV appelait ses *Mémoires* (1592), où il fait le récit de ses exploits guerriers, *la Bible des soldats.*

Sans cote (24.795, f° 131).

La rime Satan/tartan est notée dans 106/74 (13.401, f° 191) où on lit :

> tartan
> Satan
> cabestan

---

Sans cote (24.795, f° 136).

Dans ce discours prononcé à Bordeaux, devant l'Assemblée Nationale, lors de la séance du 1ᵉʳ mars 1871, Hugo accuse le pape, dont l'autorité vient de s'accroître, de vouloir redonner à l'Europe un régime féodal. « Il s'agit pour l'Europe de savoir si elle va redevenir féodale ; il s'agit de savoir si nous allons être rejetés d'un écueil à l'autre, du régime théocratique au régime militaire.

Car, dans cette fatale année de concile et de carnage...
(*Oh ! Oh !*)
*Voix à gauche :* Oui ! oui ! très bien !

M. Victor Hugo : Je ne croyais pas qu'on pût nier l'effort du pontificat pour se déclarer infaillible, et je ne crois pas qu'on puisse contester ce fait, qu'à côté du pape gothique, qui essaye de revivre, l'empereur gothique reparaît. (*Bruit à droite.* — *Approbation sur les bancs de la gauche.*) » (*Actes et paroles, Depuis l'exil, B,* 693-4).

Ce texte est conforme au compte-rendu sténographique de la séance que publie, en particulier, *Le Moniteur universel* du samedi 4 mars 1871.

---

Sans cote (24.795, f° 138).

Pierre Ballanche (1776-1847), alors qu'il était encore imprimeur, fut présenté à Mme Récamier pendant un séjour qu'elle fit à Lyon en 1812. Entre eux se noua une amitié qui dura toute leur vie. Il suivit Mme Récamier à Paris, l'accompagna à Rome en 1824, puis s'installa en face de l'Abbaye-au-bois. Mort avant elle, il fut enterré dans le tombeau de son amie. Ballanche était laid, car il avait dû subir une opération du trépan dont son visage gardait des traces.

# INDEX

# INDEX PAR MANUSCRITS

| | | | | |
|---|---|---|---|---|
| 6 | 67/222 | | 68 | 67/183 |
| 7 | sans cote | | 69 | 67/193 |
| 8 | 256/92 | | 70 | 67/190 |
| 9 | sans cote | | 71 | 67/189 |
| 10 | 77/106 | | 72 | sans cote |
| 11 | sans cote | | 73 | » » |
| 12 | 67/218 | | 74 | » » |
| 13 | 256/26 | | 75 | 67/106 |
| 14 | 256/32 | | 76 | sans cote |
| 15 | 67/272 | | 77 | 67/127 |
| 16 | 67/209 | | 78 | 77/92 |
| 17 | sans cote | | 79 | sans cote |
| 18 | » » | | 80 | » » |
| 19 | 256/101 | | 81 | 147/11 |
| 20 | 67/245 | | 82 | sans cote |
| 21 | sans cote | | 83 | 67/110 |
| 22 | » » | | 84 | 77/97 |
| 23 | 67/109 | | 85 | sans cote |
| 24 | 67/281 | | 86 | 67/297 |
| 25 | 147/9 | | 87 | sans cote |
| 26 | sans cote | | 88 | » » |
| 27 | 67/238 | | 89 | » » |
| 28 | 67/207 | | 91 | » » |
| 29 | 67/198 | | 92 | » » |
| 30 | 67/197 | | | |
| 31 | sans cote | Ms 24.795 f⁰ | 93 | 67/185 |
| 32 | 67/228 | | 94 | sans cote |
| 33 | 67/274 | | 95 | » » |
| 34 | 67/270 | | 96 | » » |
| 35 | 67/227 | | 97 | » » |
| 36 | 67/180 | | 98 | 77/64 |
| 37 | sans cote | | 99 | sans cote |
| 38 | 67/237 | | 100 | » » |
| 39 | 67/242 | | 101 | 256/107 |
| 40 | 67/275 | | 102 | 67/199 |
| 41 | 256/23 | | 103 | 77/65 |
| 42 | sans cote | | 104 | sans cote |
| 43 | 67/278 | | 105 | » » |
| 44 | sans cote | | 106 | » » |
| 45 | 67/113 | | 107 | » » |
| 46 | sans cote | | 108 | 70/198 |
| | | | 109 | sans cote |
| Ms 24.795 f⁰ | 47 | sans cote | 110 | 147/10 |
| | 48 | 67/240 | 111 | sans cote |
| | 49 | 67/239 | 112 | » » |
| | 50 | 147/5 | 113 | 70/167 |
| | 51 | sans cote | 114 | 70/195 |
| | 53 | » » | 115 | 70/186 |
| | 54 | » » | 116 | sans cote |
| | 55 | 67/282 | 117 | » » |
| | 56 | sans cote | 118 | 70/183 |
| | 57 | » » | 119 | 70/192 |
| | 58 | 67/224 | 120 | 70/193 |
| | 59 | 146/353 | 121 | sans cote |
| | 60 | sans cote | 122 | » » |
| | 61 | » » | 123 | » » |
| | 62 | 67/214 | 124 | » » |
| | 63 | 176/24 | 125 | » » |
| | 64 | 67/187 | 126 | 67/225 |
| | 65 | 67/196 | 127 | sans cote |
| | 66 | 67/203 | 128 | » » |
| | 67 | 67/186 | 129 | » » |

Carnet 1860

# INDEX DES NOMS PROPRES

Cet Index comprend les noms propres employés comme noms communs (ex : les trimalcions) et les noms de peuples que, souvent, Hugo écrit sans majuscule. De plus, lorsque Hugo, par jeu de mots, a modifié quelques lettres d'un nom, celui-ci figure dans l'index sous sa forme usuelle (ex : les Topinambous (Index), les Topinamboures (texte de Hugo). Suit l'Index de quelques noms communs traités comme noms propres.

## A

## B

## C

CAIN, 48.
CAIPHE, 34.
CALIGULA, 38.
CALVAIRE (le), 79.
CALVIN, 33, 44.
CAMBRONNE, 67.
CAMPANELLA, 52.
CANAPLE(S), 55.
CAPENE (porte), 18.
CARDAN, 52.
CARRARE, 65.
CARRIER, 38.
CARTOUCHE, 58.
CASQUETS (les), 20.
CATANE, 31.
CATILINA, 50.
CATON, 17 (pl.), 50, 88.
CAVOIX, 58.
CELLINI, 28.
CELSUS, 80.
CERES, 20.
CESAR, 17, 48, 57, 58, 83.
CESAR (Jules), 31, 69.
CHAPELLE, 27.

CHARLES XII, 91.
CHARYBDE, 68.
CHILI, 36.
CHILLY, 36.
CHRIST, 32, 75.
CHYPRE, 81.
CICERON, 50, 78.
CLAUDIUS, 46.
CLEOPHAS (don), 44.
CLITANDRE, 49.
COCHIN, 62.
COLOMB, 52, 69.
CONSTANTIN, 33.
CORINTHIENS (les), 37.
CORNEILLE, 70.
COUSTOU, 82.
COUTRAS, 91.
CREBILLON, 96.
CRETE, 81.
CUME(S), 21.
CUPIDON, 63.
CUVIER, 43, 88.
CYPRIS, 63.

## D

DAMIENS, 56.
DANTE, 29.
DANTON, 50, 56.
DAVE, 37.
DENYS LE TYRAN, 37.
DESPREAUX, 79.
DIEU, 18, 19, 22, 23, 24, 26, 29, 32, 39, 41, 45, 46, 49, 53, 57, 58, 66, 68, 70, 71, 76, 80, 83, 88, 90, 92, 93, 95, 96.
DIOGENE (pl.), 67.
DODONE, 93.
DRACON, 31.
DUCRAY-DUMINIL, 65.
DUFAURE, 64.
DUILIUS, 37.
DUMARESQ, 51, 56.

## E

EGYPTE, 88.
ENGHIEN (duc d'), 69.
ENNIUS, 53.
ESCHYLE, 29, 69, 82.
ESPAGNE, 84.

ESSLING, 54.
EUMENIDES (les), 82.
EUTRAPELUS, 30.
EVE, 26.

## F

FALSTAFF, 58.
FARNESE (Alexandre), 91.
FLACCUS (voir HORACE), 67.
FLORIS (Frans), 28.

FOUCHE, 38.
FRANCE, 35, 48.
FRANÇOIS DE SALES (saint), 96.
FRERON, 38, 47.

## G

GALBA, 60.
GALESE, 46.
GALILEE, 52.
GARASSE, 47, 93.
GERARD (Jules), 24.
GOLGOTHA, 63.

GOTON, 59, 80.
GRENELLE, 69.
GROTIUS (Hugo), 84.
GUERNESEY, 37, 87.
GUSTAVE-ADOLPHE, 91.

## T

TACITE, 70.
TALMUD, 52 (pl.).
THEOPHILACTE, 55.
THUGS (les), 86.
TIBERE, 25.
TOPINAMBOUS (les), 86.

TORQUEMADA, 34.
TRESTAILLON, 69.
TRIMALCION, 19 (pl.), 58.
TRIPTOLEME, 37.
TYRTEE, 88.

## U

UTRECHT, 54.

## V

V. (Sénateur), 58.
VADE, 67.
VAL-DE-GRACE (le), 62.
VARILLAS, 79.
VENUS, 32.
VERSAILLE(S), 28, 29.
VESPUCE, 69.
VEUILLOT, 27, 47, 93.

VILLEHARDOUIN, 40.
VILLEMARQUE (Hersart de la), 90.
VINCENT DE PAULE (saint), 62.
VIRGILE, 55.
VISIGOTHS (les), 81.
VITELLIUS, 60.
VOLTAIRE (voir AROUET), 27, 79, 95.

## W

WATERLOO, 54.
WATTEAU, 82.

WELLINGTON, 54.
WHITE-CHAPEL, 20.

---

AIRON (duke), 54.
ATHEISME, 89.
AUJOURD'HUI, 89.
DEUX (Chapitre), 80.
DEUX-DECEMBRE, 59.
DIX (an), 91.
HIER, 89.

ICHTYOSAURE, 77.
LIVRES (les), 52.
PAROLE (la), 70.
REVOLUTION (la), 50.
TE DEUM, 57.
VERBE (le), 70.

# INDEX DES CITATIONS LATINES

# INDEX DES NOMS DE PERSONNES
## CITÉES DANS LES NOTES

# INDEX DES ŒUVRES DE HUGO

# TABLE DES MATIÈRES

ACHEVÉ D'IMPRIMER
LE 28 OCTOBRE 1966
SUR LES PRESSES
D'EMMANUEL GREVIN et FILS
A LAGNY-SUR-MARNE

Dépôt légal : 4ᵉ trimestre 1966.
Flammarion et Cⁱᵉ, éditeurs (N° 5688). — N° d'Impression : 8488.

L'œuvre de Hugo est mal connue ; récemment encore, ce que l'on en connaissait n'était pas entièrement disponible en librairie. Si, depuis quelques années, elle fait l'objet de travaux, d'éditions dont le nombre prouve qu'elle suscite toujours plus d'admiration, elle n'en est pas épuisée pour autant.

Un grand nombre de fragments, précieux pour la connaissance de l'ensemble, demeurent inédits. Nombre de ceux qui ont été édités doivent être datés, classés, commentés. Il faut débarrasser les œuvres posthumes de la forme qui leur a été arbitrairement imposée, et celles que le poète publia lui-même demandent parfois une étude plus précise.

Les "Cahiers Victor Hugo" se proposent, - sans autre périodicité que celle commandée par l'apport d'un travail original, - de publier ces inédits, des éditions critiques de textes plus connus, des études jetant un jour nouveau sur la vie ou l'œuvre de Hugo, ainsi que des bilans, arrêtés à des dates précises, des connaissances et des travaux consacrés au poète, - constituant ainsi le complément indispensable de toutes les éditions dites complètes parues à ce jour, sinon l'ébauche d'un corpus hugolien.

déjà parus :
VICTOR HUGO
JOURNAL
DE CE QUE J'APPRENDS
CHAQUE JOUR
édition critique

VICTOR HUGO
BOITE AUX LETTRES
édition critique

VICTOR HUGO
L'ANE
édition critique

à paraître :
VICTOR HUGO
DIEU
édition critique

Prix : 16 F.